Parasitosen gehören zu den in der Terraristik häufig auftretenden, oft jedoch im Verborgenen schwelenden Erkrankungen. Reptilien und Amphibien dienen als Wirtstiere für zahllose Organismen der unterschiedlichsten Familien, die sich von Körpersubstanzen anderer Lebewesen ernähren.

Die Erscheinungsformen dieser Parasiten reichen von Einzellern bis zu bereits mit dem bloßen Auge erkennbaren, Milben als Beispiel. Die durch solche Organismen entstehenden Krankheitsbilder verursachen ein-

rarientier unter ungünstigen Umständen zum Wirt werden. Es treten gelegentlich sogar recht schwere Parasitosen bei Tieren auf, die bereits seit relativ langer Zeit im Terrarium gepflegt werden.

Das vorliegende kleine Buch soll bei der Erkennung von Parasitosen helfen, Informationen über die unterschiedlichen Krankheitsbilder vermitteln und als Hilfestellung bei der Behandlung dienen.

Die Angaben in diesem Werk beruhen auf der Ausbildung des Verfassers in der Diagnose von Erkran-

ISABELLE FRANCAIS.

Hier abgebildet ist eine Kornnatter *(Elaphe guttata guttata)* der "Miami-Farbvariante". Doch auch Nachzuchttiere müssen nicht unbedingt frei von Parasiten sein. Sie sind zwar seltener befallen, aber "immun" sind auch sie nicht.

fache Durchfallerscheinungen oder gar den Tod des Wirtstieres.

Obwohl die allermeisten Fälle von Parasitosen Wildfangtiere betreffen, sollte man nicht davon ausgehen, daß eine Terrariennachzucht - weil bereits in der 12. Generation - gegen solche Erkrankungen immun ist. So wie ein frei in der Natur lebender Frosch oder eine Schlange mit Sicherheit irgendwelche Parasiten beherbergt, so kann auch jedes Ter-

kungen und im Identifizieren von Parasiten sowie seiner zwölfjährigen Berufserfahrung als Reptilienpfleger in einem amerikanischen Zoo. Die hier aufgeführten Medikamente, deren Dosierung sowie empfohlene Behandlungsmethoden sollten daher als persönliche Angaben des Verfassers betrachtet werden und nicht ohne tierärztliche Befürwortung zur Anwendung kommen.

Die Parasitologie gehört zur Grund-

ISABELLE FRANCAIS.

Im Terrarium vermehrte Terrarientiere sind zweifelsfrei eine gute Quelle für hochwertige Exemplare - hier ein besonders schönes Pärchen von Blauzungenskinken *(Tiliqua nigrolutea)*. Der spätere Besitzer muß jedoch auch einiges zum Erhalt dieser "Qualität" tun. Dazu gehören eine gute Ernährung, eine artgerechte Haltung und vor allem Sauberkeit.

ausbildung jedes Tierarztes, der auch ohne spezielle Kenntnisse über Amphibien und Reptilien in der Lage sein sollte, eine solche Erkrankung fachgerecht zu behandeln. Eine unsachgemäße Behandlung kann irreparable Schäden zur Folge haben, die ein Tierarzt hätte vermeiden können.

Widmung

Für meinen Freund und Kollegen, Dr. med. vet. William M. Bryant, dem engagiertesten und gewissenhaftesten Tierarzt, den ich kenne.

Danksagung

Der Autor bedankt sich für ihre freundliche Unterstützung bei den folgenden Personen.

Barbara Baumeister, tierärztliche Assistentin im Zoo von Oklahoma City; David Grows, Oklahoma City-Zoo; Dr. med. vet. William Bryant, Dr. med. vet. Michael Renner, Rosie Delgado und Jenny Jenkins, alle Mitarbeiter oder ehemalige Mitarbeiter im Zoo von Sedwick County, Wichita, Kansas (USA).

Alle diese Personen haben mit ihrem langjährigen Erfahrungen zur Entstehung dieses Buches beigetragen. Hierin enthaltene Fehler oder Falschaussagen gehen allein zu Lasten des Autors.

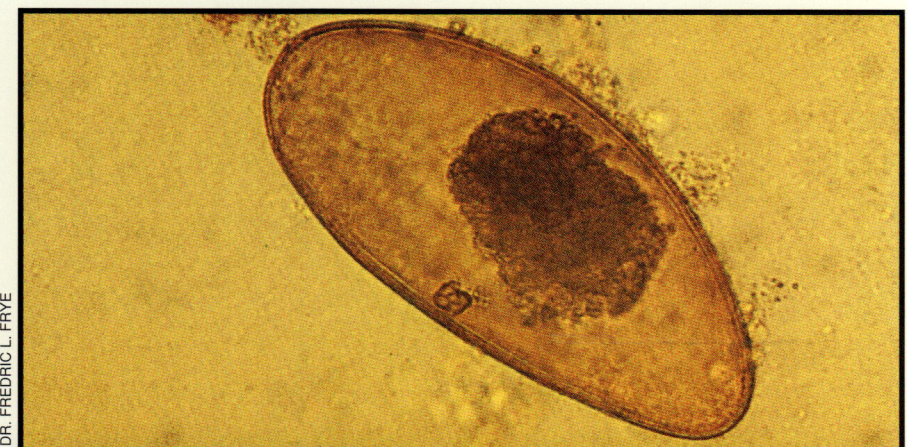

DR. FREDRIC L. FRYE

Ei einer Pflanzenmilbe, die in einem Haiti-Nashornleguan *(Cyclura ricordi)* entdeckt wurde, welcher fast ausschließlich vegetarisch ernährt wurde. Obwohl solche Eier gelegentlich im Verdauungssystem von Terrarientieren nachgewiesen werden, gelten sie dennoch nicht als Innenparasiten.

Die in der Herpetologie auftretenden Parasiten können vereinfacht in zwei Gruppen unterteilt werden, nämlich Außen- (Ekto-) und Innen (Endo-) parasiten. Ektoparasiten stammen in den allermeisten Fällen aus dem riesigen Verwandtschaftskreis der Arthropoden Gliederfüßer. Bei Reptilien und Amphibien verursachen sie nur selten ernsthafte Erkrankungen, können jedoch Anzeiger für schlechte Haltungsbedingungen sein.

Die Auslöser von wirklich schweren Krankheiten sind Endoparasiten, die in den unterschiedlichsten Formen auftreten. Von den Ektoparasiten sorgen verschiedene Milbenarten am häufigsten Probleme. Seltener in der Ter-

Zecken gehören zu den häufigsten Ektoparasiten in der Terraristik. Die meisten können leicht mit einer ruhigen Hand und einer Pinzette entfernt werden. Hier eine *Hyalomma aegyptium* an einer Maurischen Landschildkröte *(Testudo graeca)*.

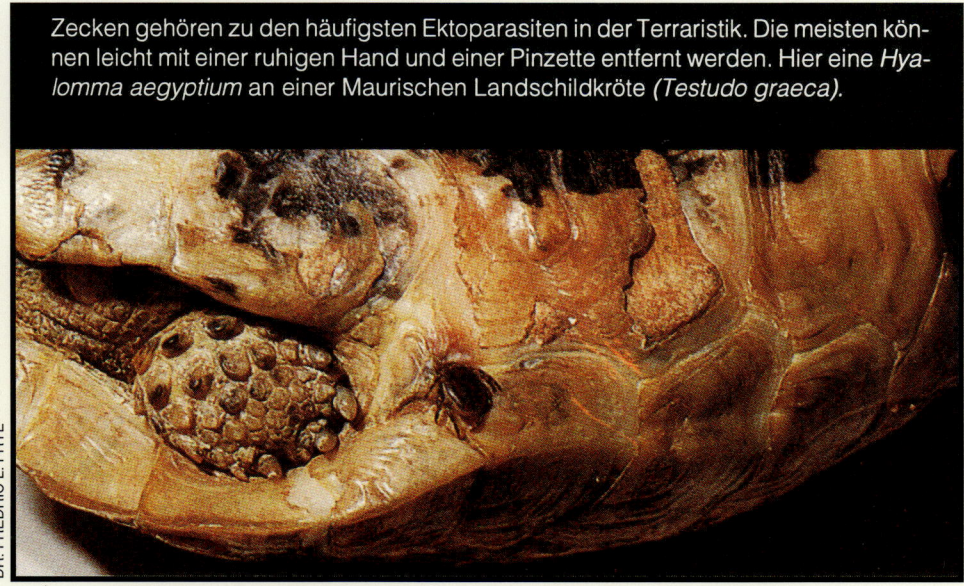

DR. FREDRIC L. FRYE

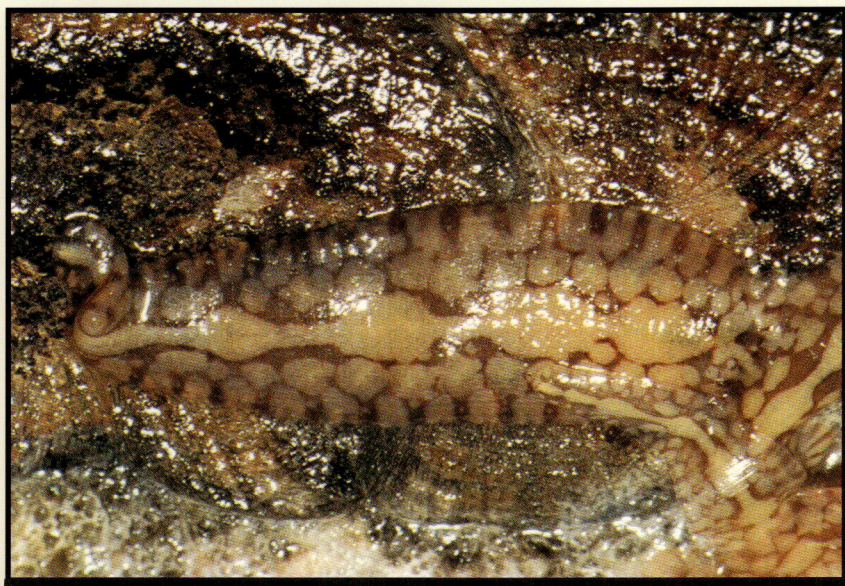

W. P. MARA

Blutegel können gelegentlich an Wasserschildkröten entdeckt werden, scheinen jedoch keinen großen Schaden bei den Wirtstieren anzurichten. Einige Blutegel, wie der hier gezeigte, haben sogar attraktive Farben und Zeichnungsmuster.

raristik auftretende Außenparasiten sind Blutegel, Fliegenlarven, Zecken und Mücken. Obwohl Mücken tatsächlich viele Amphibien- und Reptilienarten belästigen, gibt es eigentlich nicht viel, was man dagegen tun kann. Bei der Zimmerhaltung dürfte es diesbezüglich kaum Probleme geben, was aber die Pflege im Freiland betrifft, sollte sich der Pfleger bewußt sein, daß Mücken die Überträger von einigen Innenparasiten sein können, die auch bei einem Terrarientier großen Schaden anrichten.

Endoparasiten sind einfach ausgedrückt die Auslöser für innere Krankheiten, von denen einige sehr ernsthaft sind und sich schnell auf andere Terrarientiere ausbreiten können. Sie können stark-vereinfacht- in zwei Gruppen aufgeteilt werden - Einzeller (Protozoen) und Würmer, wobei die hier behandelten kaum Ähnlichkeit mit dem allseits bekannten Regenwurm haben. Die medizinisch wichtigen Einzeller sind im Blut oder im Verdauungstrakt zu finden. Etliche Arten können auch andere Organe befallen, doch treten diese selten auf und über die von ihnen ausgelösten Krankheiten ist nur wenig bekannt.

Würmer können gewöhnlich in der Lunge, im Verdauungssystem, der Leber oder den Nieren, also fast in jedem inneren Organ nachgewiesen werden. Probleme bereiten bei Würmern deren verschiedenartige Lebenszyklen. Viele von ihnen haben einen sogenannten direkten Lebenszyklus, womit gemeint ist, daß sie von einem Wirt zum anderen auf direktem Wege übertragen werden. Das geschieht, indem das zukünftige Wirtstier Eier, Larven oder den Wurm selbst aufnimmt. Diese Arten von Würmern treten am seltensten auf, verursachen dafür jedoch auch die schlimmsten Krankheiten.

Andere Würmer, wie Bandwürmer oder Saugwürmer haben dagegen einen indirekten Lebenszyklus. Hier benötigt der Parasit einen oder mehrere Zwischenwirte, in welchen er bestimmte Entwicklungsstufen durchläuft, sich aber erst zum fertigen Wurm entwickeln kann, wenn dieser Zwischenwirt von einem Endwirt gefressen wird. Dieser Vorgang kann anhand eines einfachen Beispiels veranschaulicht werden.

In einem Wassertümpel schlüpfen die Eier eines Saugwurms. Die Larven heften sich nun für geraume Zeit an die Wasserpflanzen, bis sie einen Frosch "wahrnehmen", der sich in unmittelbarer Nähe im gleichen Gewässer aufhält. Sofort lösen sie sich von den Pflanzen, heften sich an den Frosch und bohren sich durch seine Haut. Dort durchleben sie ein oder zwei Entwicklungsstadien als Zyste, um in eine Ruhephase zu treten.

Dieser Frosch fällt nun unglücklicherweise einem seiner Freßfeinde zum Opfer und gelangt so in dessen Verdauungssystem. Hier verlassen die Wurmlarven ihre schützenden Zysten, bohren sich durch die Darmwände ihres neuen Wirtes und gelangen auf diese Weise in dessen Blutkreislauf. Über Blut- und Lymphbahnen erreichen sie die Leber, wo sie sich zum fertigen Wurm entwickeln, der bald darauf wieder Eier ablegt. Diese gelangen über den Gallengang zurück in den Darm, wo sie zusammen mit Kot ausgeschieden werden. Gelangen diese Eier in Wasser, schlüpfen sie und der Kreislauf beginnt von vorn.

Viele Amphibien- und Reptilienarten dienen Würmern mit indirektem Lebenszyklus als bevorzugte Zwischenwirte. Leider ist über die Auswirkungen und die möglichen Erkrankungen, die von den Larven solcher Würmer bei Reptilien und Amphibien ausgelöst werden könnten, nur so wenig bekannt. Anders verhält es sich in dem Fall, wo das Amphibium oder das Reptil der Endwirt ist. Hier kann sicher diagnostiziert und somit auch

Beim Erwerb einer wildgefangenen Wasserschildkröte sollte der Besitzer das Tier auf jeden Fall nach Blutegeln absuchen. Diese Ansammlung von Egeln befand sich am Plastron einer Geierschildkröte *(Macroclemmys temmincki)*, die der Fotograf und Pfleger W.P. Mara in einem Zoogeschäft entdeckte. Das Baden in einer schwachen Salzwasserlösung für einige Stunden täglich wird die Egel innerhalb einer Woche beseitigt haben.

zielgerichtet behandelt werden.

Die folgenden Seiten beschäftigen sich mit den am häufigsten auftretenden und Erkrankungen auslösenden Parasiten bei Terrarientieren. Es werden ihre Lebenszyklen, die durch sie entstehenden Krankheiten, die Erkennung des Parasiten und mögliche Behandlungsmethoden besprochen.

Einige dieser Parasiten, insbesondere Milben, stehen in direkter Verbindung mit unsauberen Terrarien. Die Haltungsbedingungen können die Gesundheit eines Terrarientieres genauso gefährden wie die hier besprochenen Parasiten, weshalb Hygiene das A und O sein sollte. Wer auf korrekte Haltungsbedingungen achtet, wird die Hilfe dieses Buches vielleicht nie in Anspruch nehmen müssen.

Die Bedeutung der Quarantäne

Beim Erwerb von neuen Terrarientieren ist unbedingt zu einer Quarantänehaltung von wenigstens 30 Tagen zu raten, bevor es zu einer Vergesellschaftung mit dem alten Tierbestand kommt. Ist man sich über den Gesundheitszustand des oder der Tiere nach Ablauf dieser Frist noch immer nicht sicher, kann eine Quarantänezeit von 60 Tagen in keinem Fall schaden. Während dieser Zeit kann man sich einen recht guten Eindruck vom Gesundheitszustand eines Tieres verschaffen und so das Risiko einer Übertragung von etwaigen Erregern auf wirklich gesunde Terrarientiere weitestgehend einschränken. Die Quarantänestation darf sich aus offensichtlichen Gründen keinesfalls in der direkten Nähe der eigentlichen Terrarienanlage befinden.

Es ist zu empfehlen, während der Quarantänehaltung wenigstens drei Kotuntersuchungen durchführen zu lassen, die alle ohne Befund ausfallen sollten, bevor die Tiere in ihre endgültigen Terrarien einziehen können. Besonders bei Wildfängen sind die Chancen sehr hoch, daß der Tierarzt den einen oder anderen Endoparasiten findet, der eine medikamentöse Bekämpfung erforderlich macht.

In Quarantäne befindliche Terrarientiere sollten möglichst immer erst versorgt werden, wenn die Arbeiten in den anderen Terrarien bereits erledigt sind, um eine zusätzliche Übertragungsgefahr auszuschließen.

Ergibt eine Kotuntersuchung einen Parasitenbefall, sollte das betreffende Tier nach erfolgreicher Behandlung über einen Zeitraum von einem Jahr alle drei Monate erneut überprüft werden. Verschiedene Parasiten sind, selbst bei einer verlängerten Quarantänezeit, nicht zu jeder Zeit nachweisbar, weshalb man mit Kotuntersuchungen bei allen Terrarientieren in jedem zweiten Jahr nicht schlecht beraten ist.

Hygiene

Wie bereits erwähnt, ist Sauberkeit ein ungemein wichtiger Faktor. Das heißt, wenn die Tiere ihre Verdauung abgeschlossen haben, müssen die Exkremente umgehend beseitigt werden. Werfen sie ihren Wassernapf um, muß er gereinigt und neu gefüllt werden - und das gleich und nicht erst nächste Woche. Tote Futtertiere oder andere Futterreste müssen entfernt werden, bevor sie verwesen und schimmeln können.

Sauberkeit fängt sogar schon viel früher an, nämlich bereits bei der Einrichtung des Terrariums. Bodensubstrate sollten generell leicht auswechselbar oder einfach zu reinigen sein. Sand und Kies können beispielsweise ausgekocht, getrocknet und dann wiederverwendet werden. Alle Einrichtungsgegenstände, die sich nicht abkochen oder auf andere Weise einfach sauberhalten lassen, müssen aus Sicherheitsgründen nach einmaligem Gebrauch ausgetauscht werden. Modriges Holz, alte kotverschmutzte

Substrate, berindete Äste, verschmutzte Wasser- oder Futterschalen und dergleichen bilden generell einen geeigneten Nährboden für Krankheitserreger und damit für Krankheiten.

Für eine gründliche Reinigung eines Terrariums verwendet man am besten eine Desinfektionslösung in vorgeschriebener Konzentration, mit der man das Terrarium nebst Einrichtungsgegenständen rückstandslos säubern kann; natürlich werden hierfür zuerst die Tiere entnommen und alle behandelten Teile hinterher mit heißem Wasser gründlich abgespült. Handelt es sich um eine routinemäßige Reinigung eines Terrariums, welches mit gesunden Tieren besetzt ist, muß nicht unbedingt mit Desinfektionsmitteln gearbeitet werden. Hier reichen ein normaler Haushaltsreiniger und warmes Wasser völlig aus. Gespült werden muß aber auch hier gründlich, denn alle Rückstände des Reinigungsmittels sind restlos zu entfernen.

Handelt es sich bei der Reinigungsaktion aber um ein Terrarium, in dem sich ein krankes Tier befindet oder befunden hat, so kann auf eine gründliche Desinfektion aller wiederverwendbarer Einrichtungsgegenstände sowie des Behälters selbst auf gar keinen Fall verzichtet werden. Bodensubstrat, Einrichtungteile aus Holz und Pflanzen müssen aus Sicherheitsgründen vernichtet und durch neue ersetzt werden.

Diese Regel trifft selbstverständlich auch auf Quarantänebecken zu, die peinlichste Sauberkeit verlangen und vor einem erneuten Gebrauch unbedingt desinfiziert werden müssen. Hier sollte die Einrichtung auch möglichst aus nicht mehr als einem Wassernapf und einem Versteckplatz bestehen. Als Bodensubstrate sind Zeitungspapier oder Haushaltstücher zu empfehlen. Es gibt die verschiedenartigsten Reinigungs- und Desinfektionsmittel zu kaufen, von denen sich viele, jedoch längst nicht alle, eignen. So muß darauf geachtet werden, für welche Arten von Materialien das betreffende Mittel gedacht ist. Zu aggressive Reiniger können die Oberfläche von Plastik angreifen. Auch sollte man sich auf den Verpackungsaufdruck "Für Haus- und Kleintiere ungefährlich" nicht unbedingt verlassen, denn Reptilien und Amphibien sind nun einmal keine Haustiere im herkömmlichen Sinne und auch wenn sie "klein" sind, so müssen sie doch nicht die gleichen Reaktionen wie Goldhamster oder Meerschweinchen zeigen. Selbst wenn man davon ausgeht, daß die Terrarientiere mit der Reinigungssubstanz nicht in direkte Berührung kommen, so können doch nach einer nicht ausreichenden Trocken- oder Auslüftungsdauer zurückbleibende Gase bereits für Probleme sorgen.

Beispielsweise machte der Verfasser eine recht böse Erfahrung, als er Sprühflaschen mit einem Mittel reinigte, das er für harmloser hielt als es tatsächlich war. Offensichtlich nicht gründlich genug ausgespült, waren die mit dem Sprühwasser verdünnten Rückstände des Reinigers in einer der Flaschen noch giftig genug, um für das Ableben einer Gruppe asiatischer Baumfrösche zu sorgen.

In jedem Fall sollte man daher vor dem Gebrauch eines jeden Reinigungs- oder Desinfektionsmittels zuerst die Angaben auf der Verpackung studieren und sich über das vorgeschriebene Verdünnungsverhältnis informieren. Bei allen Mitteln, die unter die Kategorie Haushaltsreiniger fallen, sollte man sich immer vor Augen halten, daß Amphibien und Reptilien lebende Organismen sind. Korrekt verdünnte, Ammoniak enthaltende Haushaltsreiniger sind wegen ihrer Wirksamkeit gegenüber Mikroorganismen trotz des dabei freiwerdenen stechenden Geruchs gut geeignet, da sie sich durch

Spülen gut wieder entfernen lassen. Phenolverbindungen sind noch wirksamer, jedoch dürfen beide nicht in Kontakt mit Amphibien kommen. Überdosierte oder falsch angewandte Desinfektionsmittel sind für Terrarientiere lebensgefährlich, und darüber sollte man sich bei deren Einsatz stets bewußt sein.

Schließlich darf die Bedeutung des Händewaschens nicht vergessen werden. Nach dem Umgang mit kranken Terrarientieren oder dem Reinigen ihrer Behälter ist das gründliche Waschen oder Desinfizieren von Händen und Armen des Pflegers äußerst wichtig. Das bezieht sich nicht allein auf die Tatsache, daß verschiedene Parasiten von den Tieren auch auf den Menschen übertragen werden können, sondern eher auf die bestehende Möglichkeit, Krankheitserreger mit den eigenen Händen auf andere, gesunde Terrarientiere zu übertragen. Mikroskopisch kleine Parasiten oder Parasiteneier können unbemerkt an der Haut haften und unbewußt von einem Terrarium in das nächste verschleppt werden. Ebenso sind natürlich alle Hilfswerkzeuge wie Pinzetten u.a. nach jedem Gebrauch gründlich zu säubern. Für die Quarantänestation sollten unbedingt eigene Geräte benutzt werden, welche zu keinem anderen Zweck verwendet werden, als zur Versorgung der dort befindlichen Tiere. Auch hier wird nach jedem Gebrauch desinfiziert.

Bei der Auswahl der richtigen Mittel und deren Dosierung wird der Tierarzt gerne beraten.

Futterauswahl

Eine andere Möglichkeit der Übertragung von Parasiten stellt die Ernährung der Terrarientiere mit Lebendfutter dar. Viele Pfleger füttern ihre Amphibien und Echsen in den Sommermonaten auch mit frisch in der Natur gekescherten Wildinsekten wie Käfern, Faltern, Fliegen usw.

Obwohl dieses Frischfutter einen ausgezeichneten Nährstoffgehalt besitzt, sind Futterinsekten oftmals ebenfalls Träger von Parasiten, die sie unter Umständen auch auf ihre Freßfeinde übertragen können.

Natürlich treten solche Fälle nicht oft auf, jedoch kann die Möglichkeit als solche nicht völlig ausgeschlossen werden. Der einzige Weg zur Vermeidung jeglicher Risiken bestünde darin, auf Wildinsekten gänzlich zu verzichten.

Nun gibt es einige Verfechter der Meinung, daß man Wildinsekten wegen ihren wertvollen Nährstoffen zwar verfüttern, die Terrarientiere dann aber regelmäßig auf Parasitenbefall untersuchen und entwurmen lassen sollte. Generell ist dagegen nichts einzuwenden, und wer damit gute Erfahrungen gemacht hat, sollte auch bei dieser Verfahrensweise bleiben. Jedoch muß auch erwähnt werden, daß es sehr viele Pfleger gibt, die ihre Terrarientiere bereits seit vielen Generationen vermehren, ohne jemals einen Tierarzt in Anspruch genommen oder eine Wurmkur durchgeführt zu haben.

Jeder Pfleger von Terrarientieren fühlt sich seinen Tieren in unterschiedlicher Weise verpflichtet, jeder hat zu dem Thema Tierarzt und Medikamente seine eigene Einstellung, und manche vertreten die Auffassung, daß man ein Reptil nicht zu einem "verpäppelten Schoßtier" machen sollte. Schließlich ernähren sie sich in der Natur nur von Wildinsekten. Viele Meinungen, unterschiedliche Einstellungen - ein wirklich kontroverses Thema.

Dieses Buch soll niemanden seine per-

Gegenüberliegende Seite: Die wirksamste Methode zur Vorbeugung von Krankheiten ist das regelmäßige Reinigen der Terrarien und deren Einrichtungen. Einfaches Seifenwasser ist für die routinemäßige Sauberhaltung ausreichend; in Krankheitsfällen sollten allerdings Desinfektionsmittel benutzt werden.

sönliche Ansicht streitig machen, sondern lediglich auf die möglichen Arten von Parasitenübertragungen hinweisen. Auch wenn, wie bereits gesagt, Fälle von Parasitosen durch Wildinsekten sehr selten sind, sollte sich der Pfleger trotzdem des eventuellen Risikos bewußt sein.

Den größten Teil der Ernährung von Terrarientieren stellen gewöhnlich Insekten, andere Wirbellose und Kleinnager aus Futtertierzuchten dar. Diese Futtertiere sollten weitestgehend "clean" sein, es sei denn, sie stammen aus verdreckten und ungepflegten Zuchten. So ist es schon zu Nematodenbefall bei Terrarientieren gekommen, der mit einiger Sicherheit durch Grillen und/oder Labormäuse aus völlig verwahrlosten Zuchten übertragen wurde. Labormäuse können unter solchen Umständen auch Überträger einer sehr unangenehmen Bandwurmart sein.

Es empfiehlt sich also aus Sicherheitsgründen, nach Möglichkeit die Zuchteinrichtungen von Futtertierzüchtern zu inspizieren, bevor man zum Kauf schreitet oder, wenn das nicht möglich ist, seine benötigten Futtertiere selbst zu züchten.

Behandeln - ja oder nein?

Diese Frage wird leider oft zu schnell mit "ja" beantwortet. Wie man sehen wird, scheinen die Dinge oft anders als sie wirklich sind.

Viele Pfleger, die importierte Wildfangtiere erhalten, gehen davon aus, daß diese garantiert unter einer Parasitose leiden und greifen umgehend zu einem Breitbandantibiotikum, um den Parasiten den Garaus zu machen. Allerdings wird in den wenigsten Fällen vorher eine Analyse darüber erstellt, um welche Parasiten es sich handelt und wie stark der Befall ist. Generell ist gegen eine prophylaktische Maßnahme nichts einzuwenden, dennoch kann auch eine vorbeugende Behandlung Schaden anrichten.

Viele der erhältlichen Medikamente zur

Auch Futtertiere, wie diese Grillen, können Überträger von Parasiten sein. Deshalb ist es wichtig, daß Futterinsekten aus sauberen und gut gepflegten Zuchten stammen.

ISABELLE FRANCAIS.

W. P. MARA

Viele Reptilien ernähren sich auch von Kleinnagern. Mäuse und Ratten stellen hier die häufigsten Futterarten und sind ohne größere Probleme erhältlich. Solche aus guten Futterzuchten sind meistens parasitenfrei und in jedem Fall Wildnagern vorzuziehen. Hier ein Timorwaran *(Varanus timorensis)* beim Verzehr einer Ratte.

Parasitenbekämpfung enthalten unterschiedlich hohe Mengen von Giftstoffen, die nicht nur für die Parasiten, sondern auch für deren Wirte schädlich sind. Offensichtlich muß das so sein, denn sonst würden sie ja auf den Parasiten nicht vernichtend wirken. Es kann aber durch diese Gifte zu Nebenwirkungen beim Terrarientier kommen. Außerdem sind Amphibien und Reptilien nicht alle gleich, und was bei einem Tier erfolgreich und ohne Nebenwirkungen bereits mehrfach angewendet wurde, kann bei einem anderen verheerende Auswirkungen haben.

Es ist allgemein bekannt, daß Wildfangtiere, besonders solche aus den Tropen, gewöhnlich unter einer oder mehreren Parasitenarten leiden. Diese erfordern natürlich eine medizinische Versorgung bevor sie auf andere Terrarientiere übertragen werden können. Es ist aber in jedem Fall besser, die Parasitenarten zu diagnostizieren und darauf abgestimmte Medikamente zu verwenden. Der Ärger mit Breitbandantibiotika ist, daß sie nicht nur die schädlichen Parasiten, sondern auch alle anderen, vielleicht für eine korrekte Verdauung benötigte Mikroorganismen töten und so den Organismus des Tieres schädigen können.

In jedem Fall ist bei Wildfangtieren Vorsicht geboten und ein kundiger Tierarzt sollte eine Analyse über Art und Stärke der Parasitose erstellen und diese mit dementsprechenden Medikamenten behandeln.

Dieses Kapitel soll einen kleinen Einblick in die unterschiedlichen Methoden geben, die Tierärzte zur Identifizierung von Parasiten anwenden. Es ist in keinem Fall dafür gedacht, daß der Leser sich nun zum selbsternannten Parasitologen erhebt und solche Untersuchungen selbst durchführt.

Visuelle Untersuchungen

Die Standarduntersuchung zur Erkennung von Ektoparasiten findet mit dem Auge statt. Um vorhandene Milben, Zecken und ähnliches zu entdecken, wird das Tier sehr eingehend von Kopf bis Fuß betrachtet. Um sehr kleine Parasiten, wie eben Milben, auf dem Körper einer Schlange oder Echse erkennen zu können, wird ein gutes Vergrößerungsglas benutzt. Der Maulinnenraum und der Eingang der Luftröhre werden ebenfalls inspiziert. Dabei können auch mögliche Endoparasiten in Form von Saug- oder Zungenwürmern entdeckt werden.

Eine selten angewandte Methode zur Feststellung von Zungenwürmern ist die Laparoskopie, also eine endoskopische Untersuchung, bei der ein winziges, mit einer Beleuchtungseinheit versehenes Objektiv, an einem dünnen Schlauch befestigt, in

Eine visuelle Untersuchung ist die einfachste Möglichkeit, um Ektoparasiten aufzuspüren. Bei relativ kleinen Tieren wie dieser jungen Rotbauchschmuckschildkröte *(Pseudemys nelsoni)* braucht man allerdings schon eine Lupe.

W.P. MARA

W. P. MARA

Besondere Aufmerksamkeit ist auf den Kopf und die Haut zwischen den Dorsal-schuppen zu richten (**oben:** *Eumeces schneideri,* **unten:** *Crotalus scutulatus)*. An diesen Stellen sind Ektoparasiten am häufigsten zu entdecken. Die Region um das Maul und auch sein Inneres können ebenfalls von Parasiten befallen werden.

W. P. MARA

den Körper des Tieres eingeführt wird, um innere Organe aus nächster Nähe betrachten zu können. Da Zungenwürmer gelegentlich im Dünndarmgekröse leben, ist die Laparoskopie eine geeignete Maßnahme, sie dort nachzuweisen.

Mikroskopische Untersuchungen

Mikroskopieverfahren sind die am häufigsten eingesetzten Mittel zum Nachweis von Endoparasiten. Sie basieren in aller Regel auf der Untersuchung von Körperflüssigkeiten oder Ausscheidungsprodukten.

Blutuntersuchungen

Es wird eine kleine Blutprobe entnommen und auf einem Objektträger verschmiert. Dieser dünne Blutfilm trocknet auf dem Objektträger an. Nun verwendet der Arzt oder Laborant einen bestimmten Farbstoff, der auf den Blutfilm aufgetragen wird. Welcher Farbstoff benutzt wird, hängt davon ab, wonach gezielt gesucht wird. Er bewirkt, daß der betreffende Organismus für den Betrachter unter dem Mikroskop sichtbar wird. Mit dieser Methode können, Flagellaten, Mikrofilarien, und ähnliches erkannt werden. Andere Anomalien im Blut und vorhandene Bakterien können so ebenfalls nachgewiesen werden.

Die Entnahme von Blutproben bei Amphibien und Reptilien erfordert Wissen und Können, denn die Vorgehensweise unterscheidet sich ganz erheblich. Hierzu eine kurze Liste:

Erdwühler - Herzpunktur

Salamander - aus der Caudalvene

Auf einem Objektträger ausgestrichene und getrocknete Blutproben dienen oft dem Nachweis von Parasiten. Hier das Ei eines *Bothridium*-Bandwurms im Blut einer Texasklapperschlange *(Crotalus atrox)*.

E. RUNDQUIST

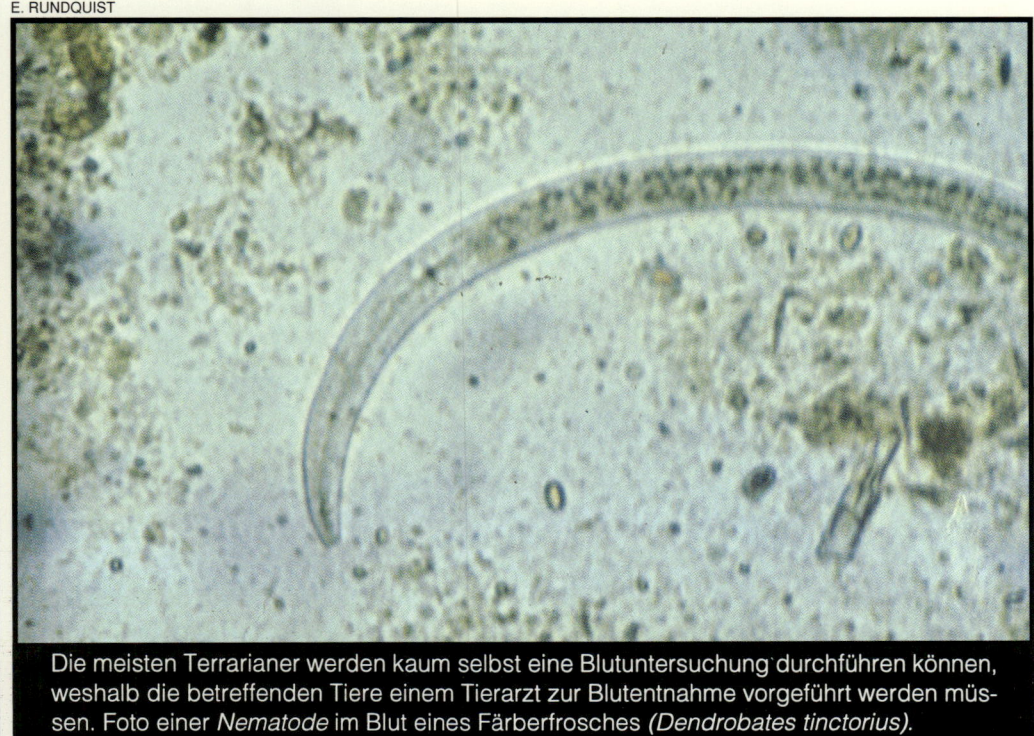

E. RUNDQUIST

Die meisten Terrarianer werden kaum selbst eine Blutuntersuchung durchführen können, weshalb die betreffenden Tiere einem Tierarzt zur Blutentnahme vorgeführt werden müssen. Foto einer *Nematode* im Blut eines Färberfrosches *(Dendrobates tinctorius)*.

(Schwanzunterseite) oder durch Abtrennen einer winzigen Zehenspitze

Frösche- Abtrennen einer Zehenspitze

Panzerechsen - Herzpunktur oder aus der Caudalvene

Schildkröten - Kürzung eines Zehennagels, aus der Caudalvene

Echsen - Herzpunktur, aus der Caudalvene oder Kürzen eines Zehennagels

Schlangen - Herzpunktur oder aus der Caudalvene.

Einiges davon, besonders die Herzpunktur, die für die Gewinnung größerer Blutproben angewendet werden kann, mag sich geradezu lebensgefährlich anhören. Jedoch ist eine solche Blutentnahme, von einem Tierarzt fachmännisch durchgeführt, im Normalfall für das Tier harmlos.

Kotuntersuchungen

Diese Untersuchungsmethode, für die es mehrere Techniken gibt, wird am häufigsten zum Nachweis von Endoparasiten eingesetzt. Für eine Kotanalyse benötigt der Tierarzt eine möglichst frische Kotprobe, denn vertrocknete Proben sind nicht ausreichend zuverlässig. Es werden keine großen Mengen für die Untersuchung benötigt; ein bis fünf Gramm oder was ein kleines Tier eben absetzt, sind ausreichend. Diese Probe sollte in einem luftdicht verschlossenem Behälter, beispielsweise in einer Filmdose, transportiert werden, damit sie nicht auf dem Weg zum Tierarzt verschmutzt und dadurch das Untersuchungsergebnis verfälscht wird.

Bei einer Art der Kotuntersuchung wird eine frische Probe mit einer kleinen Menge von destilliertem Wasser oder einer Salzlösung vermischt und dann ein dünner Film dieser

DR. FREDRIC L. FRYE

Cryptosporidios kann gewöhnlich mit der richtig Behandlung erfolgreich ausgeheilt werden. Hier führte sie bei einer Mexikanischen Königsnatter *(Lampropeltis mexicana)* zu einer Magenerweiterung.

Cryptosporidium-Arten sind Protozoen, die in den Darmschleimhäuten und im Kot vieler Terrarientiere zu finden sein können. Auch in gesunden Tieren kommen zahlreiche Protozoen vor, die erst zu einem Problem werden, wenn das Immunsystem beispielsweise durch Streß geschwächt wird.

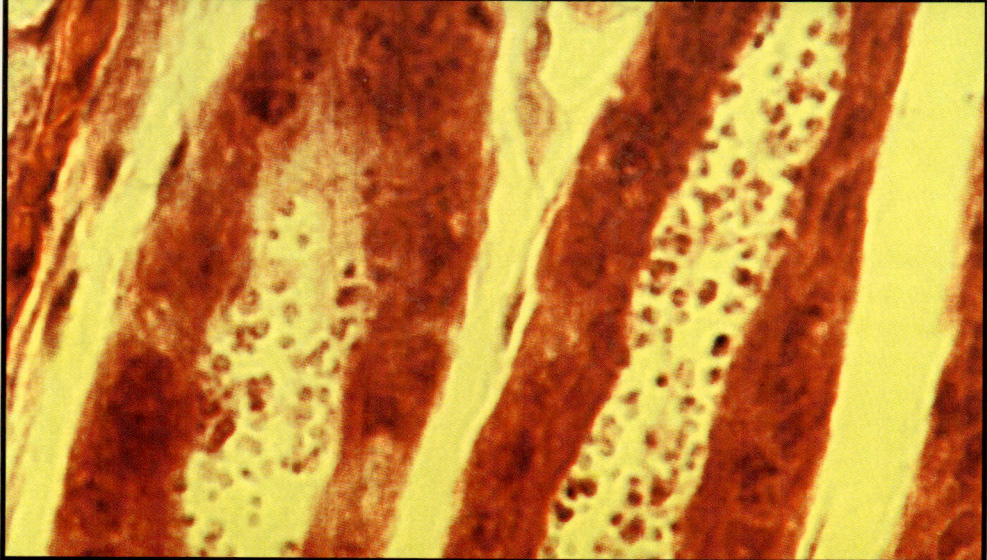

DR. FREDRIC L. FRYE

DR. FREDRIC L. FRYE

Ein weiteres Beispiel für eine Magenerweiterung durch *Cryptosporidiosis*, hier bei einer amerikanischen Pilotnatter *(Elaphe obsoleta)*.

Mischung auf einen Objektträger aufgetragen und mit einem zweiten abgedeckt. Unter dem Mikroskop wird diese Probe nun nach Parasiteneiern, Larven oder, in seltenen Fällen, auch auf ausgewachsene Parasiten untersucht. Normalerweise finden sich in einer Kotprobe lediglich Wurmlarven und/oder -eier, jedoch nicht der eigentliche Wurm. Einzellige Parasiten wie Flagellaten, Wimpertierchen und Amöben sind ausschließlich mit dieser Methode nachweisbar.

Eine andere Technik, das Flotationsverfahren, die immer im Zusammenhang mit der vorher beschriebenen benutzt werden sollte, dient dem Nachweis von Eingeweidewürmern,

Dieser histologische Aufnahme eines Magens zeigt einen schweren Befall mit *Cryptosporidium* sp. Durch die deutliche Zunahme solcher Krankheitsfälle neigen viele Wissenschaftler dazu, diese Erkrankung mit der bekannten *Entamoeba*-Infektion gleichzustellen, denn sie kann ebenso ganze Terrarientierbestände ausrotten.

DR. FREDRIC L. FRYE

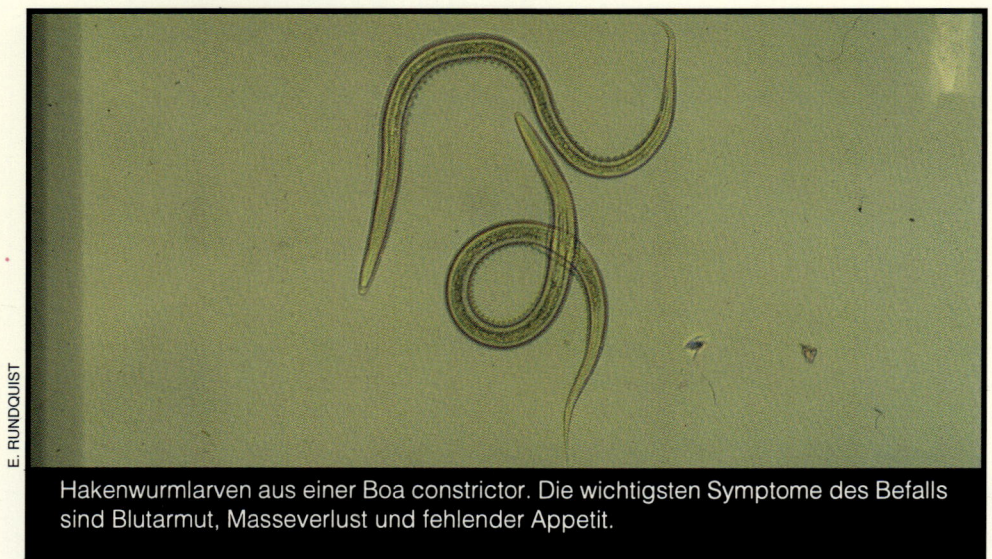

E. RUNDQUIST

Hakenwurmlarven aus einer Boa constrictor. Die wichtigsten Symptome des Befalls sind Blutarmut, Masseverlust und fehlender Appetit.

Saugwürmern, verschiedenen Bandwurmarten und Akanthozephalen ("Kratzer"). Hier wird eine ebenfalls frische Kotprobe mit einer Chemikalienlösung vermischt, die eine höhere Dichte besitzt als verschiedene Parasiteneier, die dadurch aufschwimmen, d. h., daß diese Parasiteneier auf der Oberfläche der Lösung schwimmen, anstatt nach unten auf den Grund abzusinken.

Gewöhnlich kommen hier Zinksulfat, Magnesiumsulfat- oder Zuckerlösungen zum Einsatz. Ist die Kotmischung angerührt, wird ein Reagenzglas damit bis oben gefüllt und mit einem Objektträger abgedeckt, der auf diese Weise in Kontakt mit der Mischung kommt. Nach etwa fünf Minuten wird der Glasstreifen vorsichtig von dem Röhrchen genommen und unter das Mikroskop gelegt. Dort können jetzt die bereits genannten Wurmeier, fast alle Nematoden (Fadenwürmer), Pentastomiden (Zungenwürmer), Darmmilben und Kokzidien (parasitäre Einzeller) entdeckt werden.

Bei dieser Methode kann auch festgestellt werden, wie stark der Befall mit dem betreffenden Parasiten ist. Allerdings können hierbei die bereits vorher erwähnten Protozoen nicht nachgewiesen werden, da sie von der verwendeten Lösung zerstört werden. Das Sedimentationsverfahren ist der zuerst beschriebenen Vorgehensweise ähnlich und besonders für den Nachweis und die Häufigkeit von Saugwürmern geeignet. Eine ein Gramm schwere Kotprobe wird mit destilliertem Wasser oder einer Salzlösung vermengt. Diese Mischung wird dann wiederholt durch einen Filter gepreßt, der die größeren Partikel ausfiltert. Nun wird ein kleines Reagenzglas mit der Mischung gefüllt und dieses für einige Minuten mit niedriger Umdrehungszahl zentrifugiert. Anschließend wird die sich oben im Reagenzglas befindende klare Flüssigkeit abgegossen und ein Teil der unten abgesetzten festen Masse wieder mit etwas destilliertem Wasser oder der Salzlösung vermischt. Ein Tropfen davon wird nun auf einen Objektträger gegeben, mit einem Deckglas abgedeckt und unter dem Mikroskop auf Wurmeier untersucht.

Die Baermann'sche Sedimentions-technik ist das letzte zu erwähnen-de Untersuchungsverfahren. Sie wird nicht oft eingesetzt, ist aber für den Nachweis einiger Parasiten recht effektiv, besonders wenn es um die Ermittlung der Befallstärke geht. Der Baermann'sche Apparat -nach sei-nem Erfinder benannt- besteht im wesentlichen aus einem Filter aus Gaze. Die aufgeschwemmte Kotpro-be wird auf den Filtereinsatz gege-ben und für 12 bis 24 Stunden ste-hengelassen. Während dieser Zeit wandern die Wurmlarven durch den Filter und können mikroskopisch identifiziert werden.

Gäbe es nicht die Möglichkeit mikroskopischer Kotuntersuchungen, wären Haken-würmer nur sehr schwer feststellbar. Die Identifizierung einer Larve oder des hier gezeigten Eies ist für die spätere Behandlung wichtig.

E. RUNDQUIST

Milbenbefall bei Amphibien

Milben sind wahrscheinlich die am häufigsten bei Amphibien und Reptilien anzutreffenden Außenparasiten. Es ist schwer zu sagen, ob Milben bei Amphibien zu ernsthaften Problemen führen können, und selbst bei Reptilien treten tatsächliche Schwierigkeiten viel seltener auf als allgemein angenommen wird. Störend sind sie aber in jedem Fall. Normalerweise können Milben bei aquatisch oder semiaquatisch lebenden Fröschen und Kröten sowie bei Salamandern mit weicher, feuchter Haut gefunden werden. Diese Milben gehören zur Familie der *Trombiculidae.* Sie verursacht bei Amphibien offensichtlich keine nennenswerten Erkrankungen, hat aber bei einigen Salamandern bereits zum Verlust von Fingern und Zehen geführt. Nimmt ein Milbenbefall überhand, d.h. gerät ihre Vermehrung außer Kontrolle, ist der Punkt gekommen, wo sie nicht mehr nur lästig sind, sondern die Gesundheit ihres Wirtes gefährden.

Diagnose

Bei Fröschen und Kröten sind rote Punkte am Bauch und den Innenseiten der vorderen und hinteren Gliedmaßen zu erkennen. Diese Erscheinung sollte man keinesfalls mit einer schweren bakteriellen Infektion verwechseln, die bei Fröschen auftritt und als „Red-leg"-Krankheit bekannt ist. Trombicula-Milben verursachen eine kleine, aber deutliche Schwellung an jeder Körperstelle, an der eine von ihnen sitzt. Bei der „Red-leg"-Krankheit entsteht gewöhnlich keine Schwellung, und bei genauer Betrachtung entsteht die Rotfärbung durch Blutungen direkt unter der Haut. Die roten Punkte bei Milbenbefall sind dagegen die Milben selbst, die eine rote Körperfarbe besitzen.

Bei Salamandern zeigt sich Milbenbefall auf den hellen Körperpartien in gleicher Weise wie bei Fröschen und Kröten. Um sie auch auf den dunklen Hautpartien zu entdecken, benötigt man schon eine gute Lupe. Sie sitzen bevorzugt an Fingern, Zehen und auf den Fußunterseiten.

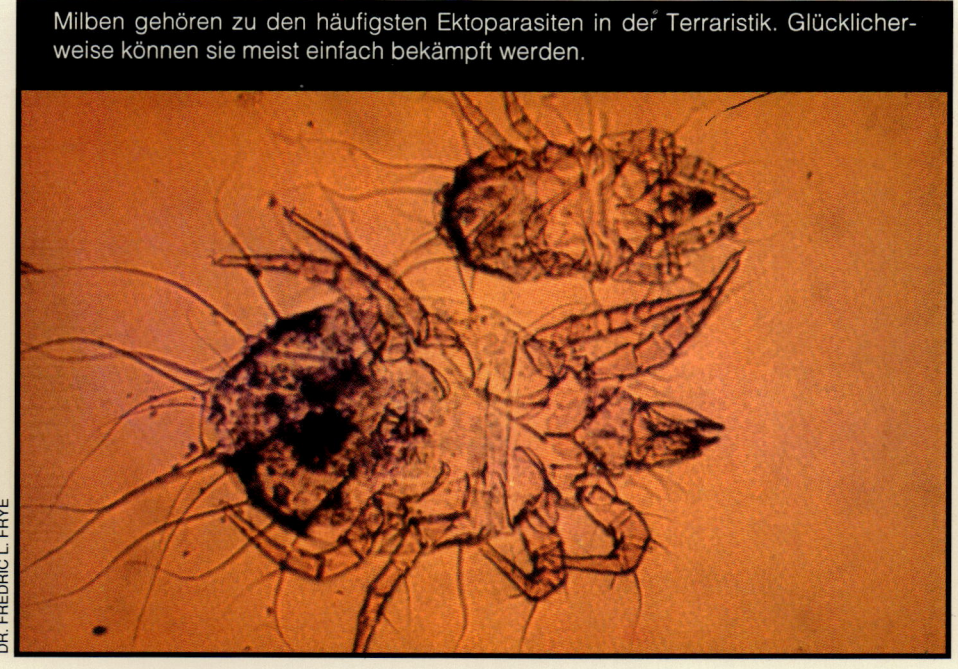

Milben gehören zu den häufigsten Ektoparasiten in der Terraristik. Glücklicherweise können sie meist einfach bekämpft werden.

DR. FREDRIC L. FRYE

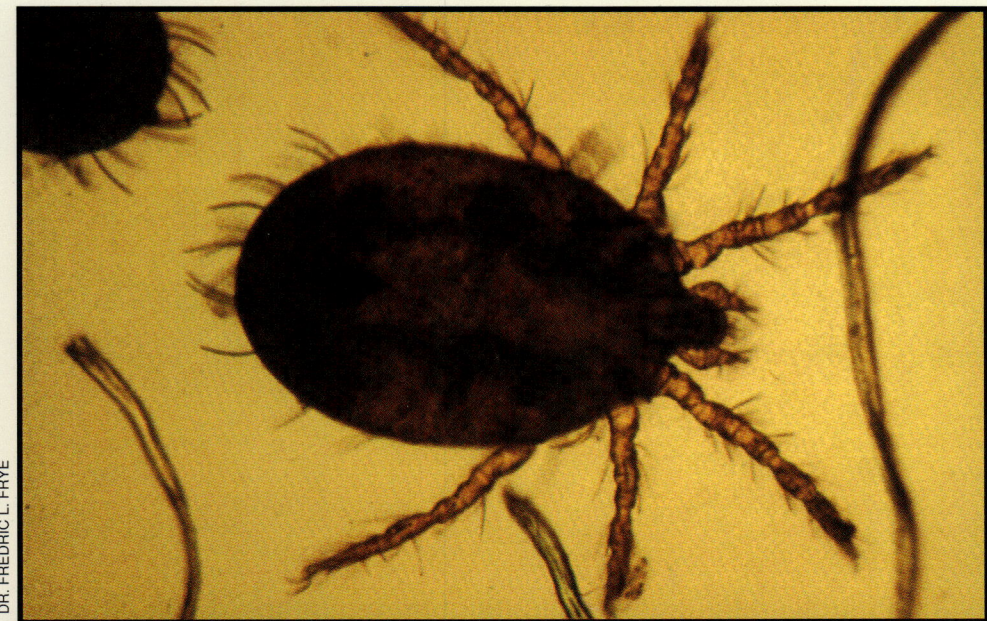

DR. FREDRIC L. FRYE

Einige Milbenarten besitzen im Jugendstadium nur drei Beinpaare. Als Alttiere haben dann viele von ihnen ein viertes Beinpaar.

In seltenen Fällen sind sie auch an Vorder- und Hinterbeinen und am Bauch zu entdecken.

Behandlung
Frösche und Kröten werden am besten in einer Tetrazyklinlösung gebadet. Je länger die Tiere in dieser Lösung baden, umso wirkungsvoller ist die Behandlung. Die Dosierung ist von zweitrangiger Bedeutung.

Die einfachste Möglichkeit ist der Gebrauch eines hochwandigen Gefäßes, aus dem die Tiere nicht hinausspringen oder -klettern können. Dieses wird mit soviel Flüssigkeit gefüllt, daß es nicht zu Ertrinkungsunfällen kommen kann. Aquatisch lebende Frösche können auch über Nacht in diesem Behälter verbleiben. Aufgrund der schnell nachlassenden Wirkung muß die Lösung alle 48 Stunden erneuert werden. In manchen Fällen muß die Behandlung wiederholt werden.

Da es verschiedene tetrazyklinhalti-ge Präparate gibt, läßt man sich das geeignete von seinem Tierarzt empfehlen.

Bei Salamandern müssen die Milben von Hand mit einer Pinzette abgesammelt werden, denn ihre Haut toleriert keine chemischen Lösungen. Bei großen Salamandern ist das nicht allzu schwierig, jedoch kann diese Prozedur bei kleineren Arten schon sehr zeitaufwendig sein. Da es sich bei Salamandern um Tiere handelt, die nicht häufig gehandhabt werden, kann der Streß der Behandlung bereits lebensgefährdend sein. Eine Möglichkeit, um zu großen Streß zu vermeiden, ist, nicht alle Milben auf einmal abzusammeln, sondern in mehreren Aktionen jeweils immer einige. So kann sich das Tier zwischen den Behandlungen wieder erholen. Ein solches Absammeln sollte auch nur erwogen werden, wenn es sich um einen bedenklich starken Milbenbefall handelt. Einige wenige Milben bringen das Tier nicht um

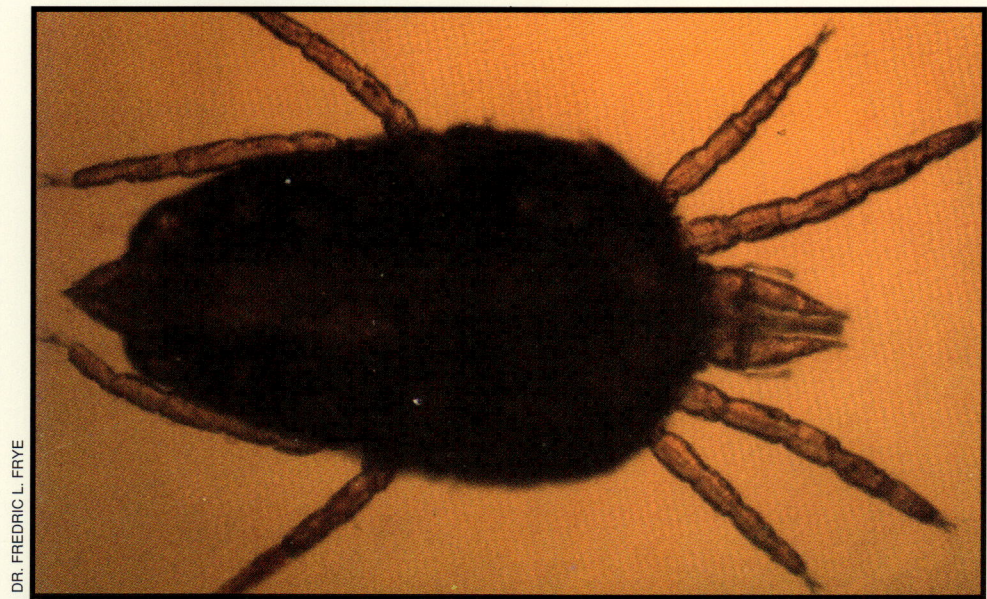

DR. FREDRIC L. FRYE

Hier ein Exemplar der Milbe *Hirstiella trombiidiformes,* die sich durch einen Punkt am Ende des Abdomens erkennen läßt. Dieses Exemplar wurde von einem Chuckwalla *(Sauromalus obesus)* entfernt.

und verschwinden oftmals nach geraumer Zeit von allein.

Milbenbefall bei Echsen

Die echten Echsenmilben sind am häufigsten auf rauhschuppigen Vertretern der Stachelleguane *(Sceloporus),* der Halsbandleguane *(Crotaphytus)* oder der Agamen *(Agamidae)* und der Chamäleons *(Chamaeleonidae).* Einige Echsen besitzen zwischen den Vorderbeinen und dem Körper eine Hautfalte, die sich beim Laufen öffnet und sich wieder schließt, wenn das Bein in Ruhestellung am Körper anliegt. Bemerkenswert ist die Tatsache, daß bei diesen Arten die Milben fast ausschließlich in diesen beiden Hautfalten zu finden sind, die deshalb auch "Milbentaschen" genannt werden (vgl. LOVERIDGE 1925). Man könnte vermuten, daß die Echsen diese Hautfalten eigens zu dem Zweck besitzen, Milben darin zu beherbergen und sie so daran zu hin-

dern, sich auf den gesamten Körper auszubreiten. Allerdings ist diese Vermutung bis heute nicht zuverlässig bewiesen.

In jedem Fall gilt auch hier, daß Milben in geringen Stückzahlen die Gesundheit einer Echse nicht zwangsläufig beeinflussen. Ein Milbenbefall verlangt jedoch immer dann nach einer medizinischen Versorgung, wenn man eine deutliche Vermehrung feststellen kann, was auf in jedem Fall auf einen geschwächten Gesundheitszustand des Tieres hinweist. Gründe können andere Krankheiten, eine falsche Haltung, unangemessene Temperaturen oder auch Streß durch andere Terrarientiere oder den Pfleger sein. Erst unter solchen Umständen gerät das Milbenproblem außer Kontrolle. Eine explosionsartige Vermehrung führt zu einem erhöhten Blutverlust bei der befallenen Echse, wodurch sich ihr Gesundheitszustand weiter verschlechtert. Deutliche Anzeichen hierfür sind zahllose Milben auf dem gesamten Echsenkörper und eine nicht mehr rosafarbene, sondern weißliche Maulschleimhaut.

Diagnose

Gewöhnlich können Milben bei Echsen bevorzugt in den Achselfalten, am Ansatz abstehender Schuppen, zwischen Fingern und Zehen und um die Augen herum als kleine rote Punkte entdeckt werden.

Behandlung

Bei einem leichteren Befall reicht es oftmals aus, das betreffende Tier in einem Quarantänebehälter unterzubringen, der mit einem Bogen Zeitungspapier und einem Versteckplatz ausgestattet ist. In diesen Behälter wird dann ein Tee-Ei oder etwas ähnliches gehängt, in dem sich ein kleines Stück von einem Insektenstrip befindet. Wichtig ist hierbei, daß das Tier mit dem Strip nicht in Berührung kommen darf. Wasser darf nur direkt zum Trinken ange-

boten werden und muß dann sofort wieder aus dem Becken entfernt werden, denn die Giftstoffe des Strips schlagen sich auch im Wasser nieder. Auf Futtergaben muß innerhalb der Behandlungszeit aus dem gleichen Grund verzichtet werden. Nach etwa einer Woche sollte das Problem beseitigt sein.

Bei schweren Befällen empfiehlt sich auch bei Echsen das Befeuchten mit einer chemischen Lösung, sowie das Einpudern oder Einsprühen mit geeigneten Präparaten. Mittel in Puderform werden am besten auf ein sauberes Tuch gestreut, in das die Echse eingewickelt wird, damit der Puder am Körper haften bleibt. Danach wird das Tier für 24 Stunden in ein Quarantänebecken gesetzt und nach dieser Einwirkzeit gründlich abgespült. Die Echsen dürfen aber in keinem Fall die Möglichkeit haben, diese Mittel fressen oder ablecken zu können, und Maul und Augen sollten immer vor dem Kon-

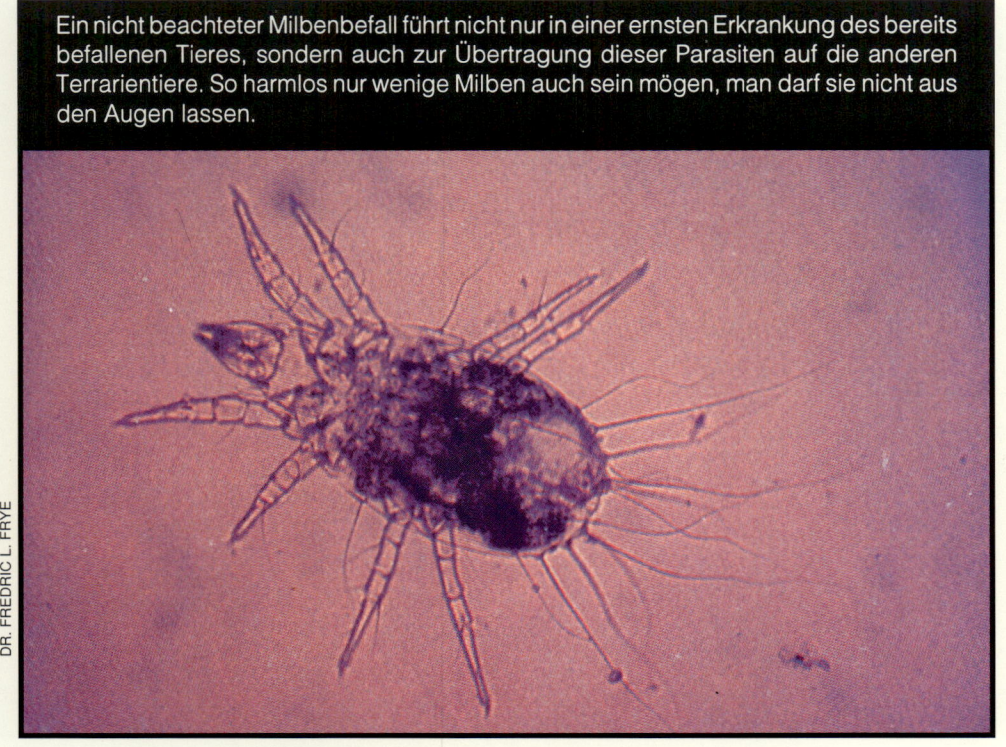

Ein nicht beachteter Milbenbefall führt nicht nur in einer ernsten Erkrankung des bereits befallenen Tieres, sondern auch zur Übertragung dieser Parasiten auf die anderen Terrarientiere. So harmlos nur wenige Milben auch sein mögen, man darf sie nicht aus den Augen lassen.

DR. FREDRIC L. FRYE

takt mit solchen Präparaten geschützt werden. Zu einer solchen Behandlung sollte der Tierarzt hinzugezogen werden und über die geeigneten Mittel entscheiden.

Milbenbefall bei Schlangen

Unter Schlangenpflegern führt ein Milbenbefall mitunter zu Panik, denn für lange Zeit wurde angenommen, daß Milben die Auslöser einer äußerst schweren Blutkrankheit seien. Inzwischen haben aber weiterführende Untersuchungen ergeben, daß dies nicht der Fall ist. Milbenbefall bei Schlangen läßt in den meisten Fällen auf eine unsaubere Haltung schließen. Vereinzelte Milben können aber auch hier bei völlig gesunden und gut gepflegten Tieren auftreten.

Diagnose

Echte Schlangenmilben können bei jeder Schlangenart sowie bei verschiedenen Skinken auftreten. Sie erscheinen als schwarze oder dunkelbraune Punkte bis etwa 1 mm Durchmesser, die sich über den Tierkörper bewegen. Sie halten sich am häufigsten in der Kopfregion um die Augen und bei Skinken an den Ohröffnungen auf. Neben diesen speziellen Schlangenmilben können aber auch die bereits erwähnten, gewöhnlichen roten Milben bei Schlangen entdeckt werden.

Gelegentlich findet der Tierarzt bei einer Kotuntersuchung auch Milbeneier, bei denen es sich meistens um die der Mäusemilbe oder der sogenannten Darmmilbe handelt.

Behandlung

Auch hier wird das betreffende Tier wieder in ein Quarantänebecken überführt. In leichteren Fällen kann auch bei Schlangen in gleicher Weise verfahren werden, wie für Echsen

bereits beschrieben.

Bei schwerem Milbenbefall sollte man einen Tierarzt zu Rate ziehen und die Parasiten mit Hilfe von Bädern, durch Einpudern oder Einsprühen bekämpfen.

Generell ist bei allen Amphibien und Reptilien darauf zu achten, daß die angewandten Lösungen, Sprays oder Puder weder gefressen, getrunken oder von der Haut abgeleckt werden können. Jeglicher Kontakt mit Augen und Maulinnenraum muß unbedingt verhindert werden.

Weiterhin ist zu beachten, daß die meisten Präparate zwar die Milben, aber nicht deren Eier abtöten. Deshalb ist generell eine Wiederholung der Behandlung, etwa eine Woche nach der ersten, durchzuführen. Innerhalb dieser Behandlungspause sind aus den Eiern junge Milben geschlüpft, die abgetötet werden müssen, bevor sie wieder Eier legen können.

Eine weitere, auf alle Amphibien und Reptilien zutreffende Grundregel ist, daß die beste medizinische Versorgung nichts nützt, wenn die Tiere hinterher wieder in ihre Terrarien entlassen werden, wo sich die Milben unter Rinden, im Bodengrund oder in anderen geeigneten Verstecken der Behandlung erfolgreich entzogen haben. Während das Tier sich in Behandlung und damit in einem Quarantänebecken befindet, muß das eigentliche Terrarium einer Generalreinigung unterzogen werden.

Alle Einrichtungsgegenstände müssen entfernt und desinfiziert oder ausgetauscht werden. Der Bodengrund sollte aus Sicherheitsgründen ebenfalls durch frischen ersetzt werden. Das Terrarium muß desinfiziert und anschließend gründlich ausgespült werden. Besondere Sorgfalt gebührt hier den Ecken und allen unebenen Flächen. Für die Dauer der gesamten medizinischen Versor-

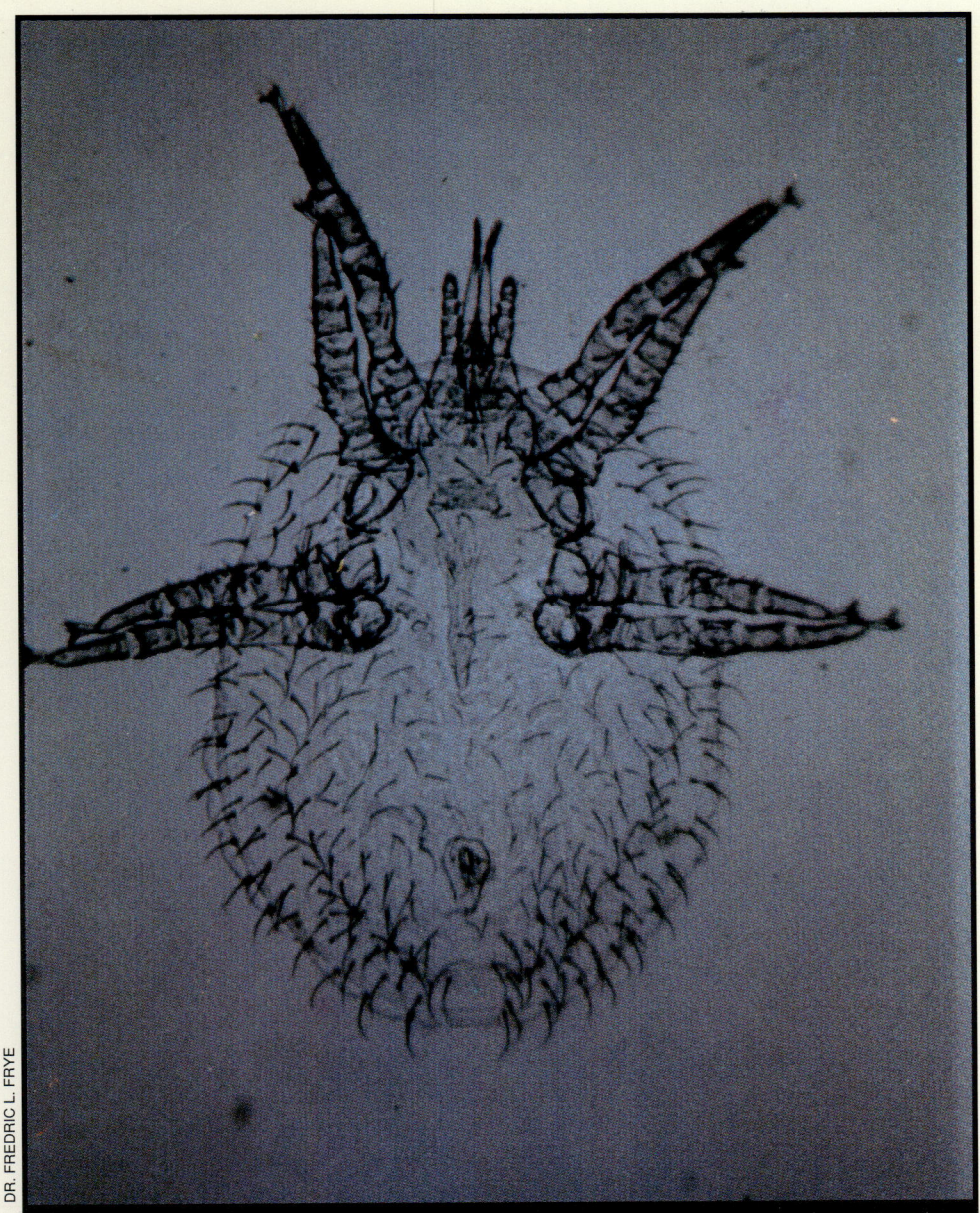

DR. FREDRIC L. FRYE

Hier ein Exemplar der Gewöhnlichen Schlangenmilbe *(Ophionyssus natricis)*. Eine einfache aber nicht 100%ige Methode zum Entfernen von nur wenigen Milben ist eine einwöchige Badekur in warmem Wasser für etwa vier bis fünf Stunden täglich.

gung bleibt das Tier in seinem Quarantänebecken, das zwischenzeitlich natürlich auch gereinigt werden muß. Erst nachdem alle Milben und deren Eier vernichtet sind, kann das Tier wieder in sein nun ebenfalls milbenfreies Terrarium zurück.

Zecken

Zecken können bei Schildkröten, Echsen sowie Schlangen auftreten. Sie sind gewöhnlich bei Wildfangtieren zu entdecken, können aber auch von solchen auf eingelebte Terrarientiere übertragen werden. Da Zecken auch Überträger von Endoparasiten sind, ist hier doppelte Vorsicht geboten.

Diagnose

Reptilien befallende Zecken sehen denen ähnlich, die auch Menschen als Nahrungsquelle benutzen, sind aber gewöhnlich etwas kleiner. Sie sind meistens unter größeren Schuppen zu finden, die dadurch auffallen, daß sie etwas weiter vom Körper abstehen.

Behandlung

Zecken entfernt man am besten mit einer Pinzette. Man greift die Zecke so weit vorne wie möglich und zieht sie vorsichtig heraus. Löst sie sich nicht, kann man etwas Öl auf ihren Hinterleib träufeln, wodurch sie ihren Biß lockern sollte. Zecken sind Tracheenatmer und bekommen dann keine Luft mehr. Kann die Zecke auch dann nicht entfernt werden, sollte ein Tierarzt um Hilfe gebeten werden. Wird die Zecke allerdings mit Gewalt aus dem Terrarientier herausgerissen, kann es passieren, daß Teile der Mundwerkzeuge oder der ganze Kopf der Zecke abreißt und in der Bißwunde verbleibt. Schwere Entzündungen sind dann häufig die Folge. Das Abtöten einer Zecke mit Öl oder auch etwas Alkohol birgt allerdings die Gefahr, daß die Zecke im Todeskampf Sekrete, einschließlich Krankheitserreger, in die Bißstelle absondert. Ist die Zecke erfolgreich entfernt worden, wird die Bißstelle mit einem äußerlich anwendbaren Antibiotikum behandelt.

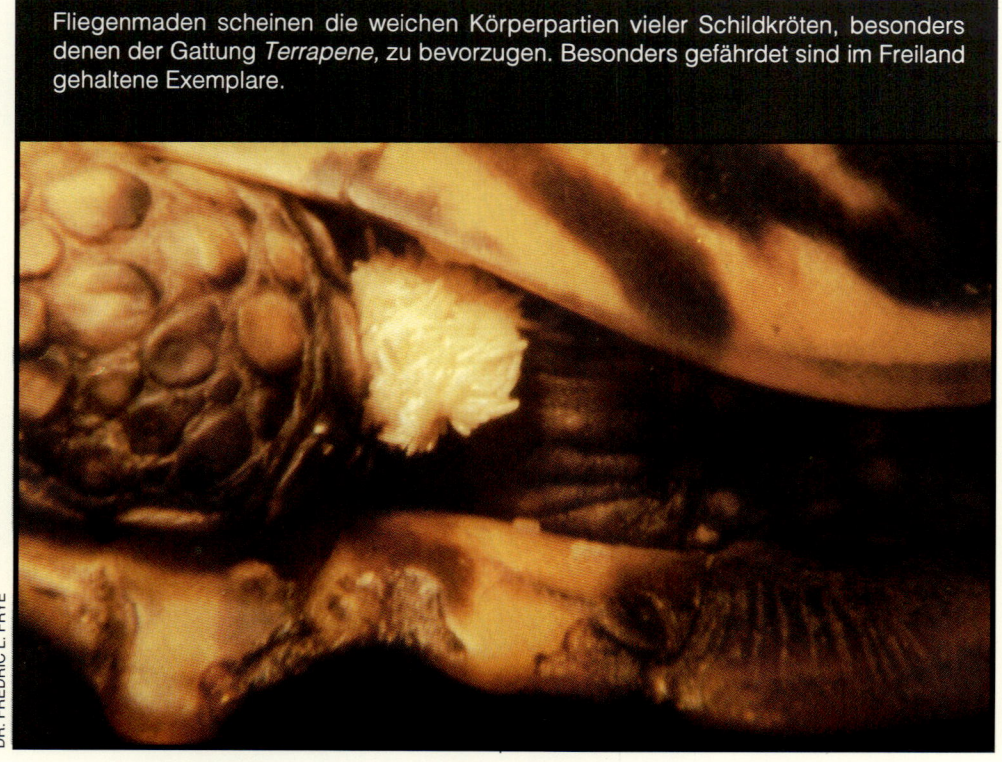

Fliegenmaden scheinen die weichen Körperpartien vieler Schildkröten, besonders denen der Gattung *Terrapene,* zu bevorzugen. Besonders gefährdet sind im Freiland gehaltene Exemplare.

DR. FREDRIC L. FRYE

Oben: Ein großer Blutegel am Plastron einer Rotwangenschmuckschildkröte *(Trachemys scripta elegans)*. **Unten:** Blutegel können sehr kleine oder auch große, regelrecht abschreckende Kreaturen sein, die wie dieser *Placobdella sp.* auf Wirtstiere lauern.

DR. FREDRIC L. FRYE

Blutegel

Blutegel befallen normalerweise Wasserschildkröten, jedoch auch aquatisch lebende Amphibien. Schwere Befälle durch diese Blutsauger können zu Blutarmut führen, und einige Blutegelarten sind Überträger anderer Parasiten.

Diagnose

Bei den Reptilien befallenden Blutegeln handelt es sich um braune bis dunkelgraue, länglich flache Egel, die unterschiedlich groß sein können. Bei Schildkröten sitzen sie am häufigsten in den Achseln, wo oft mehr als ein Tier zu finden ist.

Behandlung

Mit Öl beträufelt, lassen sie sich wie Zecken mit einer Pinzette entfernen.

Fliegenlarven

Diese Außenparasiten treten am häufigsten bei Schildkröten auf. Dosenschildkröten (Terrapene-Arten) sind besonders bekannt dafür. Befallen werden können jedoch grundsätzlich alle Landschildkröten, die während der warmen Sommermonate im Freien gehalten werden. Fliegenlarven zählen zu den gefürchtetsten Ektoparasiten bei Landschildkröten. Man spricht direkt von einer Fliegenlarvenkrankheit (Myaiasi). Dieser Zustand entsteht, wenn Fliegen ihre Eier in Kotansammlungen in den Gehegen oder in Kot -und andere organische Reste am Panzer oder Körper der Tiere ablegen.

Auch Kröten haben nicht selten unter Madenfraß zu leiden. Hier legen kleine Fliegenarten ihre Eier direkt in die Nasenlöcher. Die Eier schlüpfen, die Larven fressen sich durch Haut oder Nasenschleimhaut in ihren Wirt hinein und verursachen in seinem Inneren schwerste Schäden.

Diagnose

Bei Schildkröten kann man auf Fliegenlarvenbefall durch eine Schwellung unter der Haut, oftmals im Bereich des Schwanzes sowie auch in den Achselhöhlen, aufmerksam werden. Ein in Verdacht stehendes Tier sollte daraufhin einem Tierarzt vorgeführt werden. Bei genauer Betrachtung sind in der Haut kleine Löcher zu entdecken, durch die sich die Larven in das Innere des Tieres gebohrt haben. Öffnet der Tierarzt die Haut über der Schwellung, wird eine Ansammlung von kleinen weißlichen Maden sichtbar, die sich bereits recht tief in das Fleisch eingefressen haben können. Wird eine Myiasis nicht behandelt, fressen sich die Maden weiter bis in lebenswichtige Organe und töten ihren Wirt auf grausame Weise. Bei Kröten kommt es zu einer völligen Zerstörung des vorderen Kopfbereiches, der Augen und schließlich des Gehirns.

Behandlung

Hier muß der Tierarzt helfen. Die Maden müssen vollständig aus dem Körper des Tieres entfernt werden und die Wunde nach gründlicher Säuberung mit infektionshemmenden Antibiotika behandelt werden. Das Reinigen und die Antibiotikagaben müssen regelmäßig wiederholt werden, bis die Wunde geschlossen und gut verheilt ist.

Um eine derartige Erkrankung im Vorfeld zu verhindern, ist größte Sauberkeit, auch in Freilandgehegen, die wichtigste Voraussetzung. Kotreste müssen regelmäßig entfernt und die Tiere auf Kotreste am Körper überprüft werden. Bei dieser Gelegenheit sollte auch unbedingt auf eventuelle Schwellungen geachtet werden, die dann einen sofortigen Besuch beim Tierarzt erfordern.

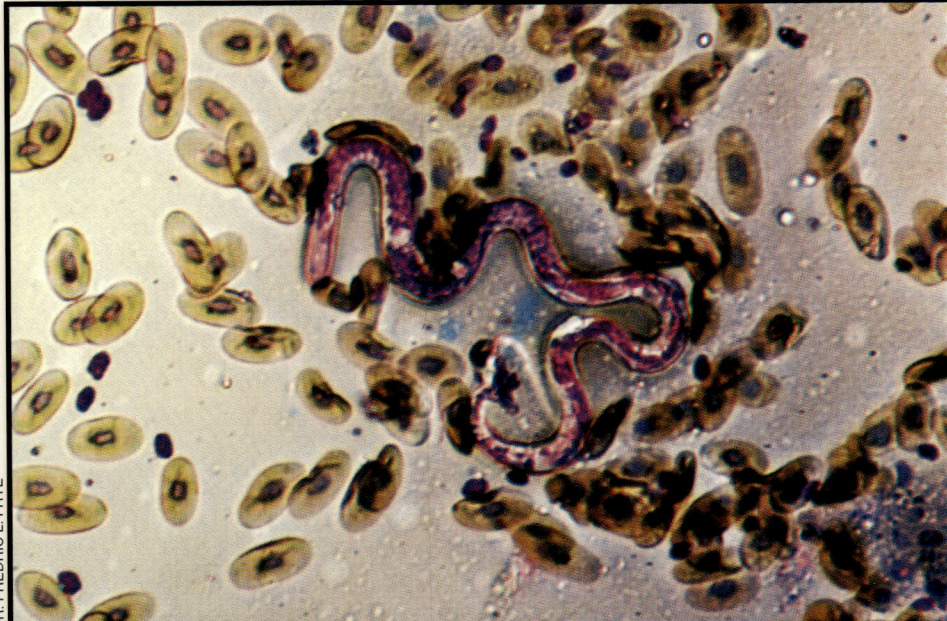

DR. FREDRIC L. FRYE

Mikrofilarien sind nicht häufig bei Terrarientieren zu finden, wurden aber bereits in wildlebenden Schlangen nachgewiesen. Besonders anfällig sind asiatische Arten. Das Vorhandensein wird durch Kotanalysen festgestellt, und die medikamentöse Bekämpfung ist nicht schwierig. **Oben:** Eine Mikrofilarie aus einer *Trans-Pecos*-Kletternatter, *Elaphe (Bogertophis) subocularis*. **Unten:** Der gleiche Parasit aus einem madagassischen Chamäleon.

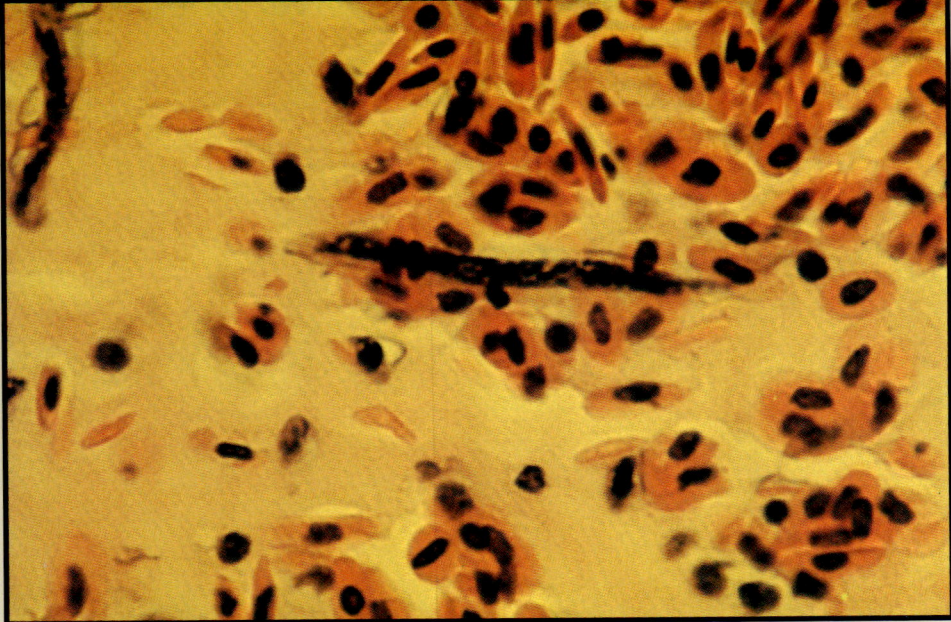

DR. FREDRIC L. FRYE

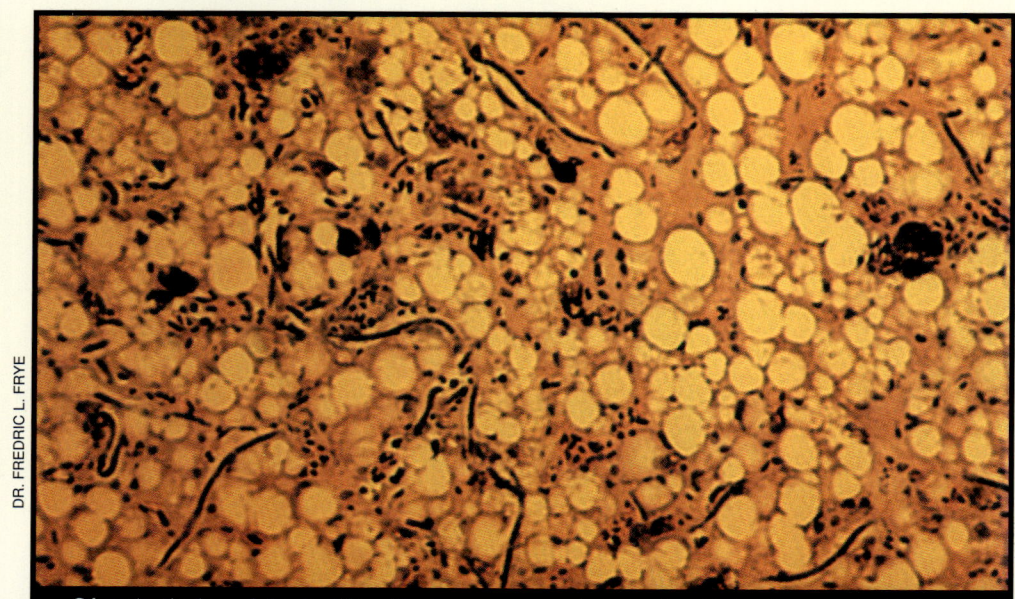

DR. FREDRIC L. FRYE

Oftmals sind es nicht die Mikrofilarien, sondern ein toxischer Schock nach der Behandlung, der zum Ableben des Tieres führt. Schwere Infektionen verlangen hohe Medikamentendosierungen, und je länger das Problem unbeachtet bleibt, desto geringer ist die Chance einer Heilung.

Innenparasiten sind bei Amphibien und Reptilien die häufigsten Erreger von Krankheiten. Einige dieser Erkrankungen verlaufen relativ harmlos, andere können jedoch fatale Auswirkungen haben.

Malariaerreger

Den meisten Reptilien- und Amphibienpflegern ist die Tatsache gänzlich unbekannt, daß eine erstaunliche Anzahl von Malariaerregern (Plasmochium) auch in ihren Pfleglingen, besonders in kleineren Echsen leben können. Über die Auswirkung dieser Erreger auf den Organismus von Amphibien und Reptilien ist nicht viel bekannt, jedoch werden sie für eine recht schwere Knochenerkrankung, die Pagetsche Krankheit, bei Schlangen und eine generell verkürzte Lebenserwartung bei allen befallenen Amphibien und Reptilien verantwortlich gemacht. Malariaerreger können nicht auf direktem Wege auf andere Tiere übertragen werden und zum Ausbruch einer Malaria führen, denn sie benötigen die Malariamücke als Zwischenwirt.

Diagnose

Malariaerreger können nur vom Fachmann durch Blutuntersuchungen festgestellt werden. Gewöhnlich sind bei infizierten Tieren keine direkten Symptome erkennbar, allerdings können Knochenverdickungen bei Schlangen ein Hinweis darauf sein. Hier können Röntgenaufnahmen Aufklärung verschaffen. Außerdem können allgemeine Apathie und unregelmäßige Futteraufnahmen einen Verdachtsmoment liefern.

DR. FREDRIC L. FRYE

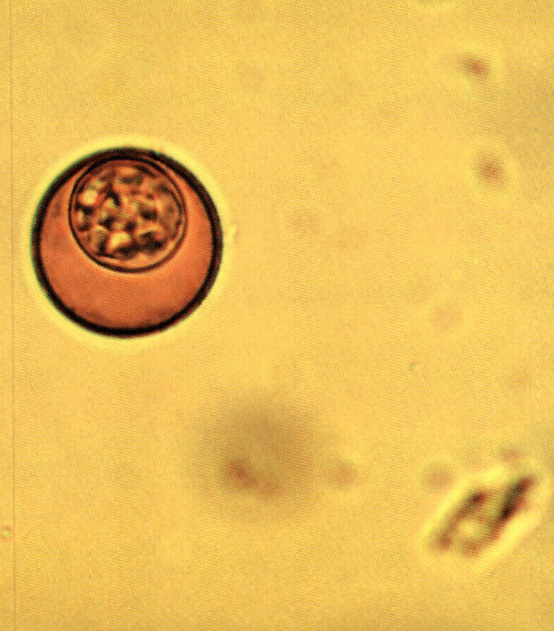

Kokzidien sind eine Ordnung der Sporozoa, die gewöhnlich darm- und gefäßumschließende Schleimhäute befallen. Sie sorgen für Masseverlust und Blut im Kot. Auch sind sie hochgradig pathogen und können von einem Tier auf ein anderes direkt übertragen werden.
Oben: Eine sporenbildende *Ocyste (Isospora sp.)* aus einem *Python reticulatus.* **Unten:** Eine Gruppe *Ocysten (Eimeria sp.)* aus einem Dunklen Tigerpython *(Phyton molurus bivittatus).*

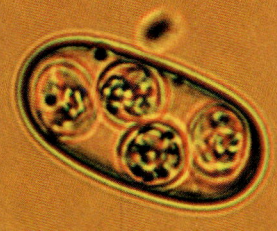

Behandlung

Es ist nichts über eine gezielte Behandlungsmethode bekannt. Da die gewöhnlich für Menschen hergestellten prophylaktischen Malariapräparate toxisch sind, dürften sie hier wohl nicht zur Anwendung kommen. Der Tierarzt ist in solchen Fällen nicht zu umgehen.

Mikrofilarien

Hierbei handelt es sich um Larvenstadien von Filarien, einer Familie der Fadenwürmer, die normalerweise im Blut nachzuweisen und besonders bei Hunden nicht außergewöhnlich sind. Die Häufigkeit dieser Parasiten bei Terrarientieren ist weitgehend unbekannt, sie treten aber gelegentlich bei freilebenden Tieren und häufiger bei australo-asiatischen und asiatischen Schlangen auf. Pythonarten von Neuguinea gelten als besonders anfällig. Auch diese Parasiten benötigen Mücken als Zwischenwirte und können auf keinem anderen Wege direkt übertragen werden. Weitere Forschungen in dieser Richtung sind erforderlich.

Diagnose

Wie im zuvor besprochenen Fall ist auch hier eine Blutanalyse nötig, um den Parasiten zu finden. Befallene Terrarientiere leiden trotz regelmäßiger Futteraufnahme unter Masseverlust. Andere Symptome sind nicht bekannt.

Die *Cryptosporidiosis* ist erst seit kurzer Zeit von Amphibien und Reptilien bekannt und wird nun für eine Reihe ernsthafter Probleme verantwortlich gemacht. Die auslösenden Kokzidien sind ausgesprochen schwer zu entdecken, da diese Organismen sehr klein sind.

DR. FREDRIC L. FRYE

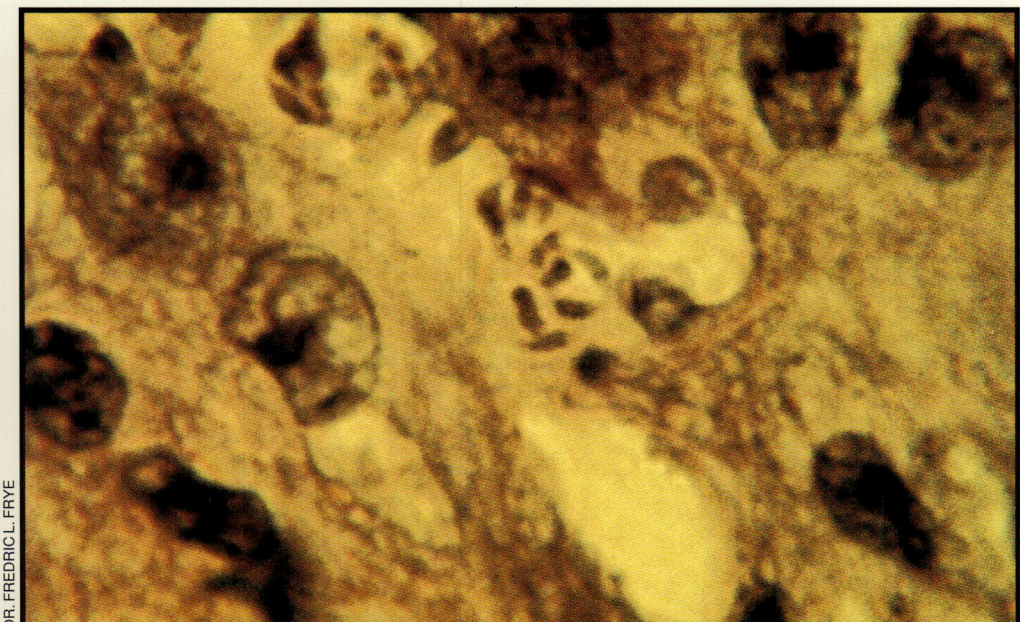

DR. FREDRIC L. FRYE

Cryptosporidiosis wurde erst mit einer Reihe menschlicher Erkrankungen in Verbindung gebracht. Es gibt aber bis jetzt keine bestätigten Fälle, bei denen die Krankheit von Reptilien auf Menschen übertragen worden wäre.

Behandlung

Hier muß unbedingt ein versierter Tierarzt zur Rate gezogen werden. Die geringste Überdosierung eines Medikaments kann mehr schaden als helfen. Beim Verfasser zeigte sich ein Medikament mit dem Wirkstoff Ivermectin (200 mg/kg Körpermasse, einmalig intramuskulär injiziert) als wirksam. Bei Tieren mit einem starken Befall ist es für eine Behandlung oftmals schon zu spät, denn durch die dann erforderliche recht hohe Dosierung kommt es in den meisten Fällen statt zu einer Heilung zu einem toxischen Schock, den das Tier nicht überlebt. Bei besonders wertvollen, seltenen Reptilien ist trotzdem zu überlegen, ob es nicht einen Versuch lohnt, denn ohne Behandlung wird das Tier mit Sicherheit eingehen.

Kokzidien

Diese zu den Protozoen (tierische Einzeller) gehörenden Endoparasiten leben in den Darmwänden von befallenen Tieren. Sie können bei fast allen Amphibien- und Reptilienarten auftreten, sind leicht übertragbar und stellen ein wirkliches Gesundheitsrisiko dar.

Diagnose

Ein rapider Masseverlust, blutdurchzogener und weicher Kot sind Anzeichen für einen Kokzidienbefall. Eine Bestätigung mit Sicherheit kann aber erst durch eine Kotuntersuchung erbracht werden.

Behandlung

Der Tierarzt wird nach der Kotanalyse ein Medikament empfehlen und Angaben über die korrekte Dosierung machen. Arzneistoffe wie Metronidazol (als Flagyl; 50 bis 125 mg/kg, einmalig, oral) können verabreicht werden, wobei die medizinische Versorgung in manchen Fällen nach einer Woche wiederholt werden muß. Nach abgeschlossener Behandlung sollten vorsichtshalber Kotuntersuchungen in dreimonatigen Abständen über einen Zeitraum von einem Jahr durchgeführt werden, da die Parasiten nicht ständig nachweisbar sind.

Cryptosporidiosis

Hierbei handelt es sich um eine relativ neu entdeckte Krankheit bei Terrarientieren, die jedoch bereits bei vielen Reptilien, besonders bei Schlangen, zu sehr ernsthaften Krankheitsbildern geführt hat. Sie wird durch eine sehr kleine, nur schwer nachweisbare Kokzidie ausgelöst, die über das Trinkwasser aufgenommen werden kann und grippeähnliche Symptome hervorruft. Auch wenn diese Krankheit eigentlich als eine gilt, die den Menschen befällt und sich besonders schwer bei AIDS-Patienten auswirkt, so kann der Erreger anscheinend nicht von Reptilien auf Menschen übertragen werden. Es besteht allerdings eine hohe Ansteckungsgefahr für andere Terrarientiere.

Interessanterweise scheinen Schildkröten der Gattung *Trachemys* bei einem Befall mit Trichomonaden keine Gesundheitsprobleme zu haben. Ob *Flagellaten* pathogen wirken oder nicht, ist immer noch fraglich. Foto einer Gelbwangenschmuckschildkröte *(Trachemys scripta scripta)*.

W. P. MARA

W. P. MARA

Über die Theorie, daß besonders Wasserschildkröten als Überträger von Parasitosen für ihren Pfleger eine Gefahr darstellen, wird heftig debattiert. Sicher gehören sie zu den häufigsten Parasitenträgern und benötigen entsprechend ihrer Lebensweise besondere Hygienemaßnahmen. Foto einer Rotwangenschmuckschildkröte *(Trachemys scripta elegans)*.

Diagnose

Die Symptome beginnen mit Erbrechen, einem chronischen Lebendmasseverlust und enden mit dem Tod. Der Erreger kann durch eine Kotanalyse unter dem Mikroskop nachgewiesen werden, wozu sich aber nicht jede Untersuchungstechnik eignet. Durch ihre geringe Größe kann diese spezielle Kokzidie bei routinemäßigen Kotuntersuchungen einfach übersehen werden.

Behandlung

Leider gibt es für diese tödlich verlaufende Krankheit bis jetzt keine medizinischen Gegenmaßnahmen, die mit wirklichem Erfolg eingesetzt worden wären. Es sind Versuche mit Trimethoprim, einem Chemotherapeutikum, gemacht worden, die aber nicht als erfolgreich bestätigt werden konnten. Ein vermindertes Füttern (25 bis 50 % der Normalmenge alle fünf Tage) soll ebenfalls schon geholfen haben. Obwohl dies den Parasiten nicht beseitigt, erlaubt es dem Wirt, eine natürliche Resistenz aufzubauen, sofern er nicht bereits zu stark geschwächt ist. Das betreffende Tier ist zu separieren und von den anderen, mit ihm vergesellschafteten Tieren ebenfalls sofort Kotproben untersuchen zu lassen. Solche Untersuchungen müssen oft mehrfach wiederholt werden, da der Erreger nicht regelmäßig im Kot vorhanden ist. Bis ein wirklich effektives Mittel gegen diese Krankheit gefunden ist, wird der Tierarzt wahrscheinlich dazu raten, das infizierte Tier einzuschläfern, um einer weiteren Verbreitung des Erregers zu begegnen.

Flagellata (Geißeltierchen)

Flagellaten treten bei Amphibien und Reptilien relativ häufig auf. Ihre Fähigkeit, ernsthafte Krankheiten auszulösen, ist allerdings nicht unumstritten. Es ist anzunehmen, daß die rundlichen Trichomonas-Arten zu schweren Erkrankungen führen können, die umgehend behandelt werden müssen.

Eine Ausnahme bilden hier die Wasserschildkröten (wie Trachemys-Arten), bei denen ein Trichomonas-Befall keinerlei Symptome verursacht. Sie benötigen deshalb gewöhnlich keine medizinische Versorgung, können den Erreger aber auf andere Terrarientiere übertragen.

Es gibt noch eine Reihe anderer Arten von Flagellaten, die bei Terrarientieren auftreten können, wie beispielsweise die Hexamita- Arten. Da es keine genauen Angaben darüber gibt, ob auch sie zu Erkrankungen führen können, sollte vorsichtshalber bei allen nachgewiesenen Flagellaten behandelt werden.

Diagnose

Rapider Lebendmasseverlust, wäßriger Kot mit gelegentlichen Blutspuren und Erbrechen sind Anzeiger für einen Flagellatenbefall. In einigen Fällen wird ungeachtet der Symptome weiterhin Nahrung aufgenommen. Der Nachweis kann durch eine Kotuntersuchung erbracht werden, wobei die Probe jedoch unbedingt frisch sein muß, da sich Flagellaten außerhalb ihres natürlichen Lebensraumes, des Darmes, sehr schnell auflösen.

Behandlung

Der Arzneistoff der Wahl ist wiederum Metronidazol (50 bis 125 mg/kg). Das Präparat wurde einmal und eine Woche später ein zweites Mal direkt oral oder mit einem Futterstück verabreicht. Erfolg oder Mißerfolg kann nur eine abschließende Kotuntersuchung bestätigen. In jedem Fall sollte der Tierarzt über die Art und Dosierung eines geeigneten Medikamentes entscheiden.

Amöben

Amöben (=Wechseltürchen) können zu den wirklich gefährlichen Endoparasiten zählen. Sie lösen schwerste Krankheitssymptome aus und sind sehr leicht übertragbar. Sie können in kurzer Zeit komplette Terrarienbestände vernichten.

Amöben sind am häufigsten bei Reptilien nachzuweisen, machen aber auch vor Amphibien nicht halt. Bei einem positiven Untersuchungsergebnis müssen das betreffende Tier sofort separiert und alle anderen Tiere ebenfalls untersucht werden.

Amöbiasis (Amöbenruhr, Darmfäule) der Reptilien ist nicht auf den Menschen übertragbar. Trotzdem sollten nach dem Umgang mit infizierten Tieren oder sogar Kontakt mit deren Kot, Hände, Arme und alle Gerätschaften gründlichst desinfiziert werden.

Diagnose

Das betroffene Tier wird apathisch und verweigert die Nahrungsaufnahme. Weiterhin können Masseverlust und Erbrechen auftreten. Der Kot ist insgesamt weich, weißlich und riecht faulig, unterscheidet sich also deutlich von den rein weißen,

E. RUNDQUIST

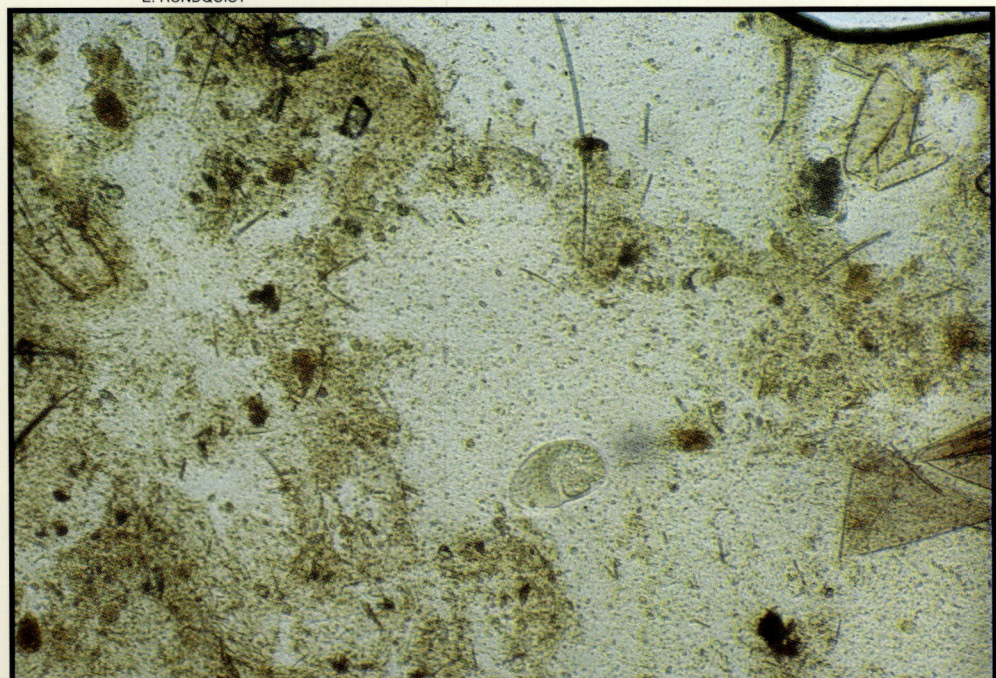

Ciliaten treten oft bei Terrarientieren, so zum Beispiel bei Schildkröten und Amphibien auf. *Balantidium* können auch beim Menschen parasitieren. Befallene Tiere müssen sofort separiert werden. **Oben:** Ein Wimpertierchen aus einem Färberfrosch *(Dendrobates tinctorius)*. **Unten:** Der gleiche Parasit aus einer Braunen Landschildkröte *Manouria emys*.

halbfesten Harnausscheidungen. Für eine genaue Identifikation dieser Einzeller, die keine feste Form besitzen, ist eine Kotanalyse unter dem Mikroskop erforderlich.

Behandlung

Hier haben sich Präparate, die Metronidazol enthalten, als geeignet erwiesen. Ebenfalls hat sich eine Quarantänehaltung bei 32°C -sofern für das betreffende Tier verträglich- und einer sehr geringen Luftfeuchte über einen Zeitraum von 24 Stunden als hilfreich erwiesen. Das letzte Wort sollte auch in diesem Fall der Tierarzt haben, der nach Abschluß der medizinischen Versorgung erneut Kotuntersuchungen durchführen wird.

Ciliatean
(Wimpertierchen, Infusorien)

Diese Endoparasiten, hochentwickelte Protozoen, treten häufig bei Salamandern, Fröschen, Kröten und Schildkröten auf, können aber auch andere Terrarientiere befallen. Sie sind vergleichsweise oft und einfach zu finden, relativ groß, ganz oder teilweise mit Zilien -Fortbewegung dienende Wimpern- besetzt, sehr aktiv und nicht als Auslöser ernsthafter Krankheiten bekannt. Eine Bekämpfung ist daher oftmals nicht erforderlich.

Die Gattung Balantidium kann jedoch gelegentlich zu Problemen bei Reptilien führen. Bei Menschen ist dieser Parasit als Auslöser erheblicher Verdauungsstörungen (Balantidienruhr) bekannt, weshalb wiederum auf

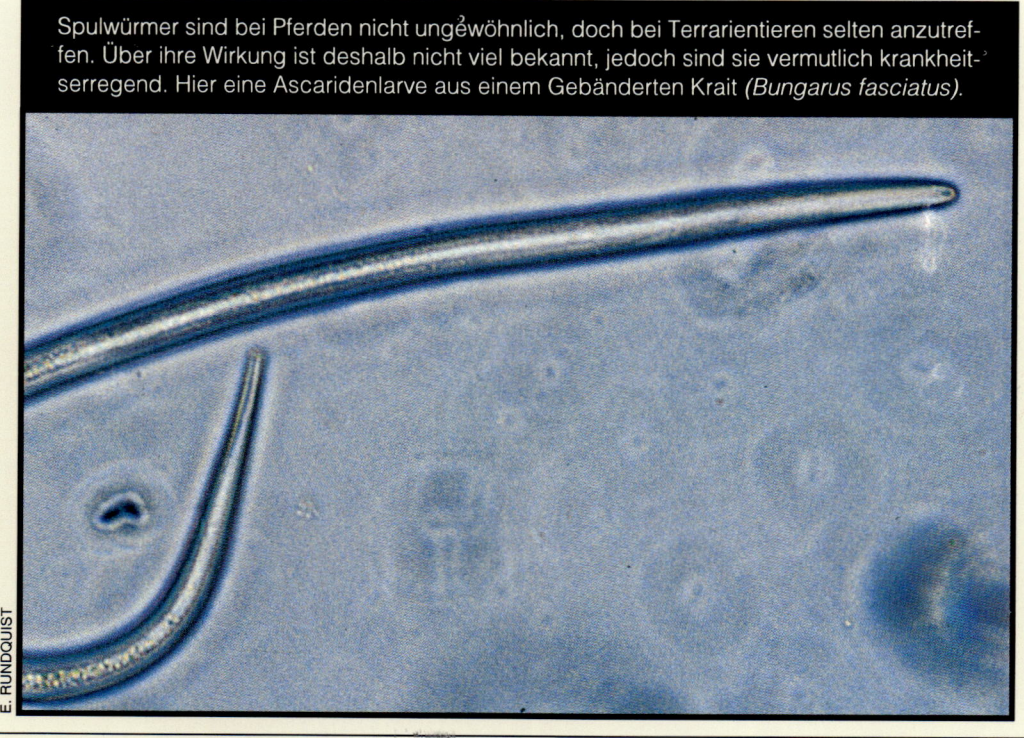

Spulwürmer sind bei Pferden nicht ungewöhnlich, doch bei Terrarientieren selten anzutreffen. Über ihre Wirkung ist deshalb nicht viel bekannt, jedoch sind sie vermutlich krankheitserregend. Hier eine Ascaridenlarve aus einem Gebänderten Krait *(Bungarus fasciatus)*.

E. RUNDQUIST

E. RUNDQUIST

Strongyloiden treten bei Amphibien und Reptilien häufiger auf. Sie sind pathogen, vermehren sich schnell, können aber andererseits bei pflanzenfressenden Echsen für die Verdauung nützlich sein. Hier ein solcher Parasit aus einer Trans-Pecos-Königsnatter (*Lampropeltis (mexicana) alterna*).

besondere Sauberkeit im Umgang mit infizierten Tieren zu achten ist. Wegen der hohen Ansteckungsgefahr müssen solche Tiere natürlich auch wieder in strikter Quarantäne gehalten werden.

Diagnose

Ciliatean werden ebenfalls durch mikroskopische Kotuntersuchungen nachgewiesen. Als Symptom eines Balantidium-Befalls kann Durchfall auftreten.

Behandlung

Auch hier haben sich oral zu verabreichende Mittel, die Metronidazol enthalten in einer Dosierung von 50 bis 125 mg/kg Körpermasse bewährt. Die

Behandlung muß nach einer Woche wiederholt werden, und nach weiteren 7 bis 10 Tagen ist eine erneute Kotuntersuchung erforderlich.

Würmer

Würmer repräsentieren eine weitere Gruppe von bei Reptilien und Amphibien anzutreffenden Endoparasiten. Von ihnen gibt es zahllose Formen, und Terrarientiere sind beliebte Wirtstiere für alle möglichen Entwicklungsstadien von Würmern vom Ei bis zum erwachsenen Wurm. Es handelt sich um eine so gewöhnliche Erscheinung, daß es fast unmöglich sein dürfte, überhaupt ein Wildfangtier ohne Wurmbefall zu finden.

Selbst bei langjährig gepflegten Terrarientieren treten häufig verschiedene Wurmarten auf. Auf den folgenden Seiten sollen die häufigsten parasitierenden Würmer, angesprochen werden.

Ascaridean

Spulwürmer sind weiß, 20 bis 25 cm lang und normalerweise von Pferden bekannt. Die Ascariden bei Terrarientieren sind offensichtlich viel kleiner und glücklicherweise eher selten. Sie besitzen einen direkten Lebens-

E. RUNDQUIST

Hakenwürmer sind besonders oft bei im Freien gehaltenen Schildkröten anzutreffen. Unbehandelt können sie ernste Probleme verursachen. Foto eines Hakenwurm-Eies aus einer Abgottboa *(Boa constrictor).*

Nematodean (Fadenwürmer, Rundwürmer)

Von den in der Terraristik am häufigsten anzutreffenden Wurmarten zählen sehr viele zur Klasse der Nematoda. Nematoden werden aufgrund ihres runden Körperquerschnitts auch als Rund- oder Hohlwürmer bezeichnet. Hier werden die Ascariden (Spulwürmer), Strongyloiden (Hakenwürmer), Oxyuriden, (Pfriemenschwänze) Rhabditiden (Lungenwürmer), Trichuren (Peitschenwürmer), Spiruriden (Rollschwänze) und Capillarien (Haarwürmer) behandelt.

Alle diese Würmer verursachen unterschiedlich schwere Erkrankungen.

zyklus und führen vermutlich zu Erkrankungen, weshalb in jedem Fall behandelt werden sollte. Bisher konnten sie allerdings nur bei einigen Schlangenfressern wie Kraits (Bungarus-Arten), der Königskobra *(Ophiophagus hannah)* und *Drymarchon corais* nachgewiesen werden. Theoretisch könnten sie aber auch jede andere Reptilienart befallen.

Diagnose

Adulte Ascariden werden gelegentlich zusammen mit Kot ausgeschieden und sehen blaßweiß und dünn aus. Haben sie sich im Magen eingenistet, kann es auch zum Erbrechen von regelrechten Massen kommen. Würmer, die im Kot sichtbar sind oder erbrochen werden, sollten generell zum Tierarzt gebracht werden, damit dieser sie identifizieren kann. Larven und Eier können anhand von direkten mikroskopischen Kotuntersuchungen oder nach vorherigem Aufschwemmen festgestellt werden.

bei Salamandern bekannt, bei denen eine medizinische Versorgung erfolgreich war.

Strongyloidean

Hier handelt es sich um die am häufigsten in der Terraristik anzutreffenden Würmer, die so ziemlich alle Amphibien und Reptilien befallen können. Bei größeren und ausge-

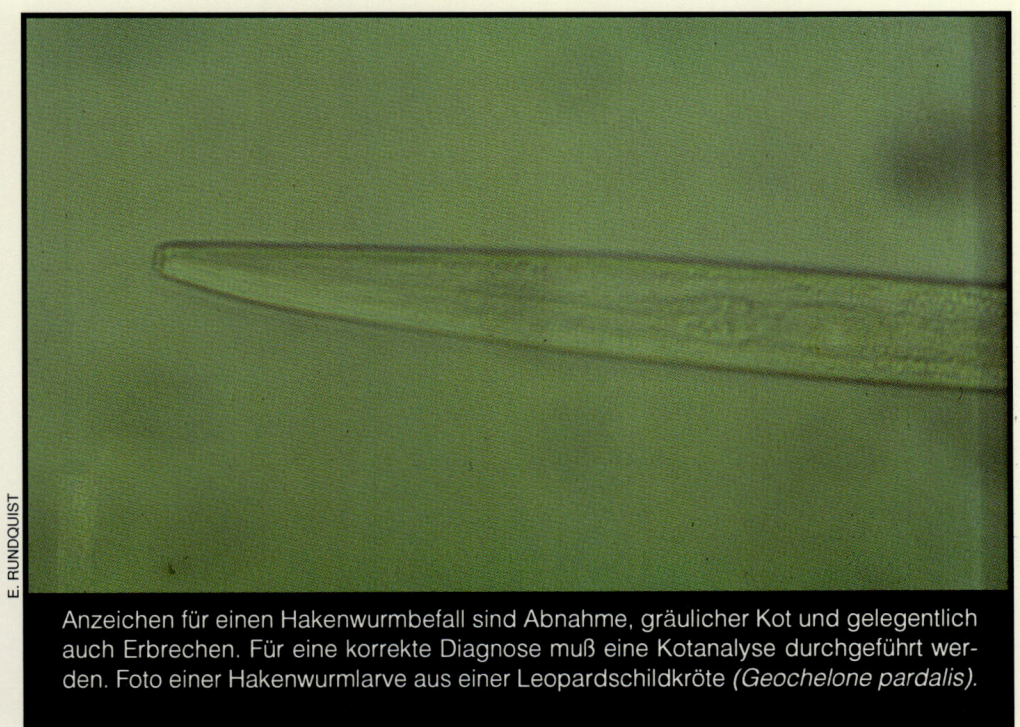

Anzeichen für einen Hakenwurmbefall sind Abnahme, gräulicher Kot und gelegentlich auch Erbrechen. Für eine korrekte Diagnose muß eine Kotanalyse durchgeführt werden. Foto einer Hakenwurmlarve aus einer Leopardschildkröte *(Geochelone pardalis)*.

E. RUNDQUIST

Behandlung

Medikamente, wie Mebendazol (25mg/kg, einmalig, oral) oder Ivermectin (200 µ/kg, einmalig, subcutan) haben sich als wirkungsvoll erwiesen. Nicht alle sollten bei Amphibien zur Anwendung kommen; Schildkröten zeigen auch gelegentlich Unverträglichkeiten. Hier ist es beim Gebrauch bereits zu Todesfällen gekommen.

Frösche und Kröten werden gewöhnlich nicht befallen, jedoch sind Fälle

wachsenen Terrarientieren müssen sich allerdings schon wirklich viele Würmer im Darm befinden, um eine pathogene Wirkung zu zeigen. Bei kleinen Exemplaren oder Jungtieren reichen jedoch bereits einige wenige aus. Sie haben ebenfalls einen direkten Lebenszyklus, sind also von einem Tier auf das andere übertragbar und können einen Wirt mehrfach infizieren, wenn Larven oder Eiern erneut in dessen Körper gelangen. Hier spielt Hygiene also eine große Rolle.

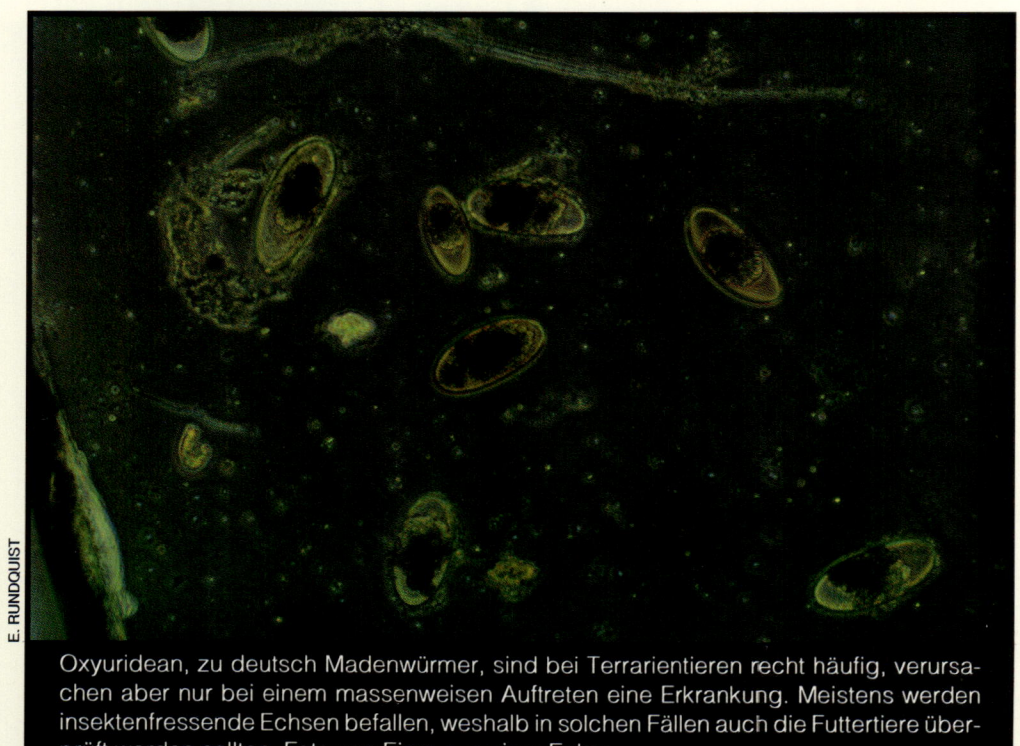

E. RUNDQUIST

Oxyuridean, zu deutsch Madenwürmer, sind bei Terrarientieren recht häufig, verursachen aber nur bei einem massenweisen Auftreten eine Erkrankung. Meistens werden insektenfressende Echsen befallen, weshalb in solchen Fällen auch die Futtertiere überprüft werden sollten. Foto von Eiern aus einer Echse.

Meistens werden überwiegend vegetarisch ernährende Echsen wie Wirtelschwanzleguane (Cyclura-Arten), Chuckwallas (Sauromalus obesus) und Dornschwänze (Uromastyx-Arten) befallen. Die durch Kotuntersuchungen ermittelten Mengen von Würmern in einem Tierkörper können oft so sogar den Tierarzt erschrecken und führen gewöhnlich dazu, daß dieser sofort zu geeigneten Medikamenten greift.

Allerdings gibt es Anhaltspunkte dafür, daß diese Würmer bei der Verdauung der recht groben Pflanzennahrung der betreffenden Tiere helfen, und die Frage, ob wirklich in jedem Fall behandelt werden sollte, ist deshalb nicht ganz einfach zu beantworten. Vielleicht wäre die beste Lösung die, reine Vegetarier und sich überwiegend von Pflanzen ernährende Terrarientiere, die unter artgerechten Bedingungen gehalten werden, nur dann zu behandeln, wenn tatsächlich Symptome für einen angegriffenen Gesundheitszustand auftreten. Diese können sich in Durchfall, blutigem Kot, Masseverlust und Erbrechen äußern.

Bei Terrarientieren, die sich nicht oder nur gelegentlich von Pflanzenkost ernähren, sollte man sich hingegen für eine medikamentöse Bekämpfung entscheiden. Nach Abschluß der Behandlung benötigt das betreffende Tier für mindestens einen Monat eine besonders hochwertige Ernährung und etwa 25% mehr Futter als gewöhnlich. So kann es die durch die Parasiten verlorengegangenen Reserven schnell wieder ergänzen.

Diagnose

Befallene Terrarientiere leiden unter Masseverlust oder nehmen zumindest nicht zu, obwohl sie gut und reichhaltig fressen. Der Nachweis für einen Befall mit Strongyloiden kann durch eine Kotuntersuchung unter dem Mikroskop erbracht werden. Durch Aufschwemmen erhält man jedoch auch einen Eindruck über die Schwere des Befalls.

Behandlung

Der Tierarzt wird ein Medikament wie Thiabendazol (100 mg/kg Körpermasse, oral) empfehlen, das einmal und 7 bis 10 Tage später ein zweites Mal verabreicht wird. Wegen seiner niedrigen Toxizität ist dieses spezielle Medikament für empfindliche Amphibien besonders gut geeignet. Es veranlaßt die Würmer, ihren Wirt aufzugeben, und sie werden mit dem Kot ausgeschieden.

Auch Mebendazol ist für die medizinische Versorgung bei Strongyloidenbefall gut geeignet. Treten derartige Fälle bei Schildkröten auf, so bieten sich Mittel mit Levamisol (8 mg/kg) an, die injiziert werden können und ebenfalls nur wenig toxische Effekte zeigen.

Hakenwürmer (Ancylostoma)

Hakenwürmer sind in der Terraristik recht häufig und bevorzugt bei Reptilien zu finden. Besonders oft treten sie bei im Freiland gehaltenen Schildkröten auf. Hier sollte in jedem diagnostizierten Fall behandelt werden, denn die Würmer können wirklich ernsthafte Erkrankungen auslösen. Ihr Lebenszyklus verläuft direkt, so daß auch andere Türe infiziert werden können.

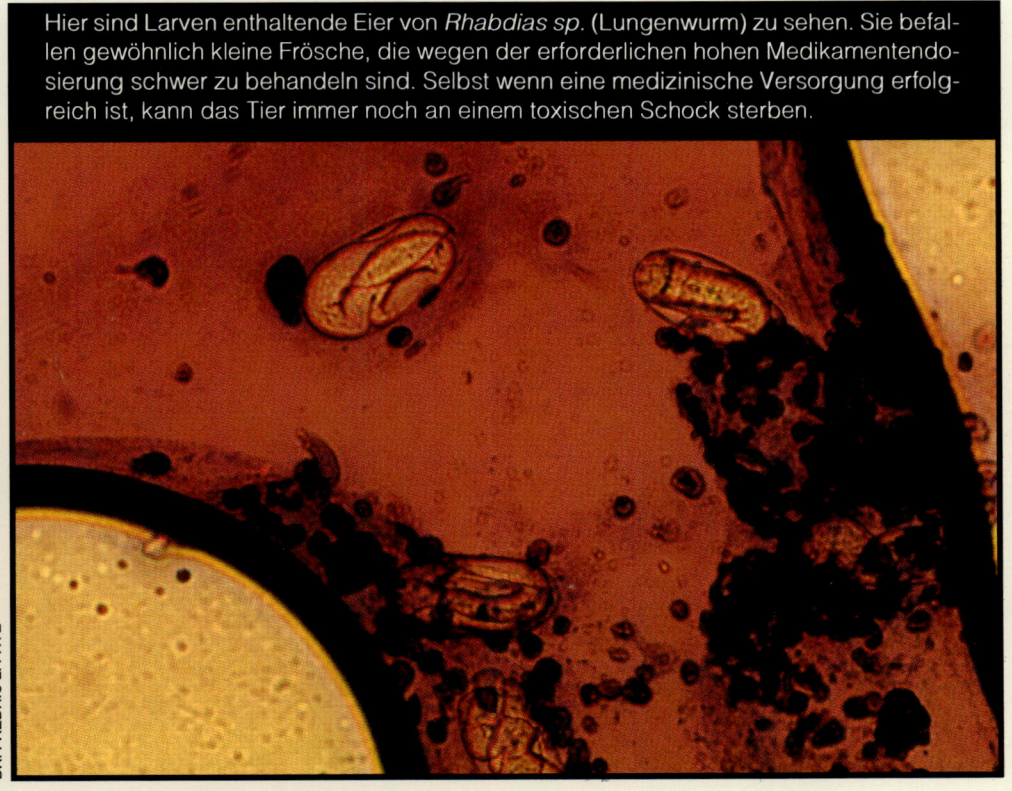

Hier sind Larven enthaltende Eier von *Rhabdias sp.* (Lungenwurm) zu sehen. Sie befallen gewöhnlich kleine Frösche, die wegen der erforderlichen hohen Medikamentendosierung schwer zu behandeln sind. Selbst wenn eine medizinische Versorgung erfolgreich ist, kann das Tier immer noch an einem toxischen Schock sterben.

Diagnose

Bei Schlangen kann ein mäßiger Masseverlust oder zumindest keine Zunahme trotz angemessener Ernährung ein Hinweis auf Hakenwürmer sein. Der Kot erscheint schmierig grau oder teerartig. Erbrechen kann ebenfalls gelegentlich auftreten.

Bei Schildkröten, Echsen und Amphibien treten nicht immer Symptome auf, und in allen Fällen kann der Nachweis nur durch eine Kotuntersuchung erbracht werden. Bei schwerem Befall können größere Wurmmengen im Kot vorhanden sein, die umgehend dem Tierarzt zur Bestimmung übergeben sollten.

Behandlung

Hierbei haben sich verschiedene Arzneistoffe wie Mebendazol (25mg/kg), sowie Levamisol (8 mg/kg, subcutan oder intramuskulär) für Schildkröten als wirksam gezeigt. In den meisten Fällen muß die Behandlung nach 7 bis 10 Tagen wiederholt werden, denn Hakenwürmer sind oftmals ausgesprochen widerstandsfähige Parasiten. Zwei Wochen nach der Behandlung sollte unbedingt eine erneute Kotanalyse durchgeführt werden, um den Erfolg der Behandlung zu überprüfen. Bei im Freien gehaltenen Schildkröten besteht ein hohes Risiko für eine erneute Ansteckung.

Oxyuridean

Diese Nematoden, speziell der Madenwurm *(Enterobius vermicularis)* ist vielleicht auch den in Städten lebenden Menschen nicht ganz unbekannt. Sie treten verhältnismäßig häufig bei Kindern auf und sind physisch und psychisch sehr störend.

So weit bekannt, sind Madenwürmer nicht von Reptilien auf den Menschen übertragbar. Sie treten zwar bei allen, besonders oft aber bei insektenfressenden Echsen auf, verursachen dort keine ernsthaften Erkrankungen, sind jedoch bei stärkerem Befall genau wie beim Menschen, ausgesprochen unangenehm. Da auch diese Würmer einen direkten Lebenszyklus besitzen, sind wiederholte Infektionen bei unzureichender Hygiene nicht zu verhindern.

Wie bereits erwähnt, können Oxyuriden durch infizierte Futtertiere übertragen werden. Es empfiehlt sich also in einem solchen Fall auch, die Qualität der betreffenden Futtertiere (Grillen, Labormäuse) zu überprüfen.

Diagnose

Im Kot können manchmal sehr kleine Würmer zu sehen sein. Sicherheit bringt eine sachgerechte Kotuntersuchung.

Behandlung

Zur Behandlung von Madenwurmbefall eignen sich Wirkstoffe wie Thiabendazol (100 mg/kg, einmalig, oral) oder Ivermectin (200 µ/kg, subcutan) besonders gut. Auch hier können weitere Behandlungen notwendig werden, wenn Folgeuntersuchungen von Kotproben zwei Wochen nach der Behandlung wiederum positiv ausfallen.

Rhabditida (Lungenwürmer)

Lungenwürmer sind sehr kleine, nur 1 bis 2 mm lange Tiere, die bei wildlebenden Fröschen und Kröten als regelrechte Plage zu bezeichnen sind. Bei Baumsteigerfröschen (Dendrobatiden) treten sie ebenfalls recht häufig auf. In jedem Fall sind sie Auslöser ernsthafter Erkrankungen. Bei den kleinen Dendrobatiden ist die medizinische Versorgung naturgemäß ausgesprochen schwierig. So ist die korrekte Dosierung von Medi-

E. RUNDQUIST

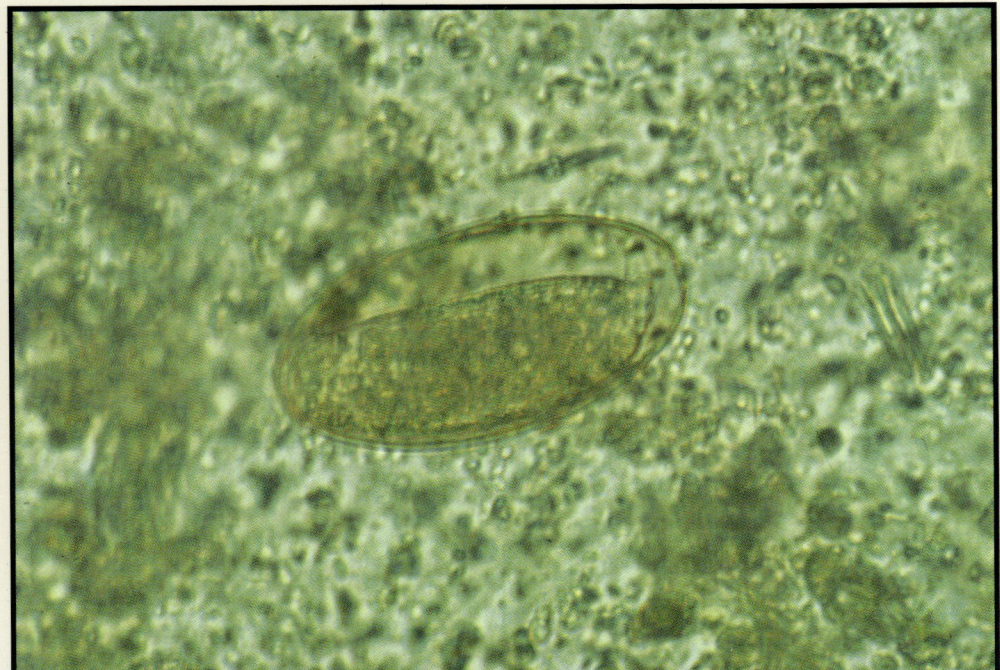

Spiruridean sind bei Reptilien sehr selten und von Amphibien gar nicht bekannt. Sie werden durch Futtertiere übertragen. Die Symptome sind undeutlich, und oftmals kann ein Befall nur durch eine Kotuntersuchung nachgewiesen werden. Die Behandlung ist dann relativ einfach. **Oben:** Ein *Spiruridenei* nach 12tägiger Entwicklung. **Unten:** Eine Spiruride mit Eiern aus einer Leopardschildkröte *(Geochelone pardalis).*

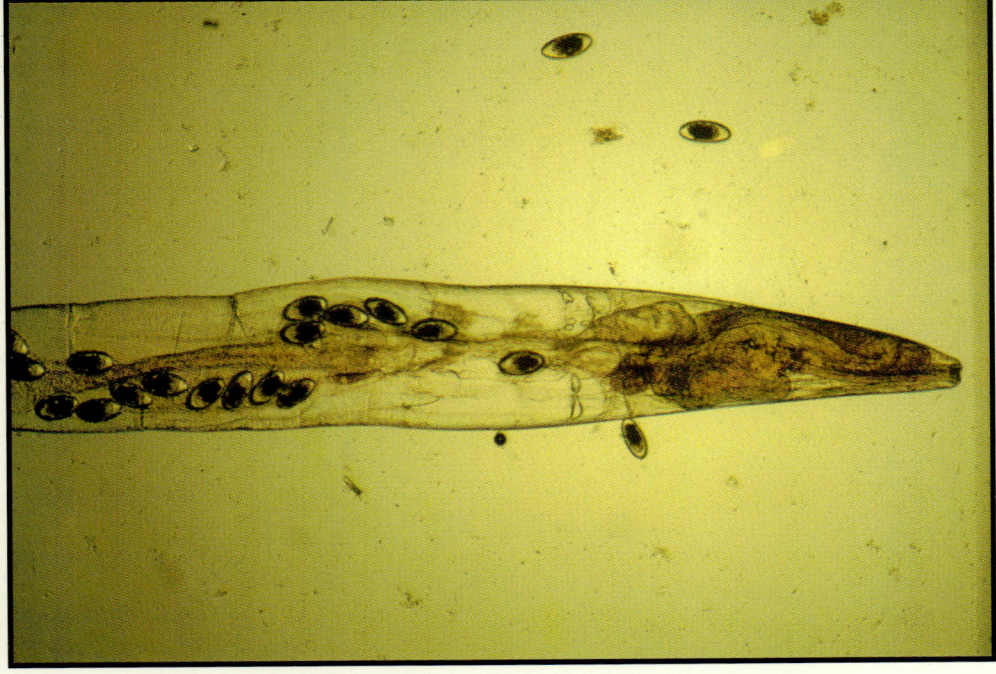

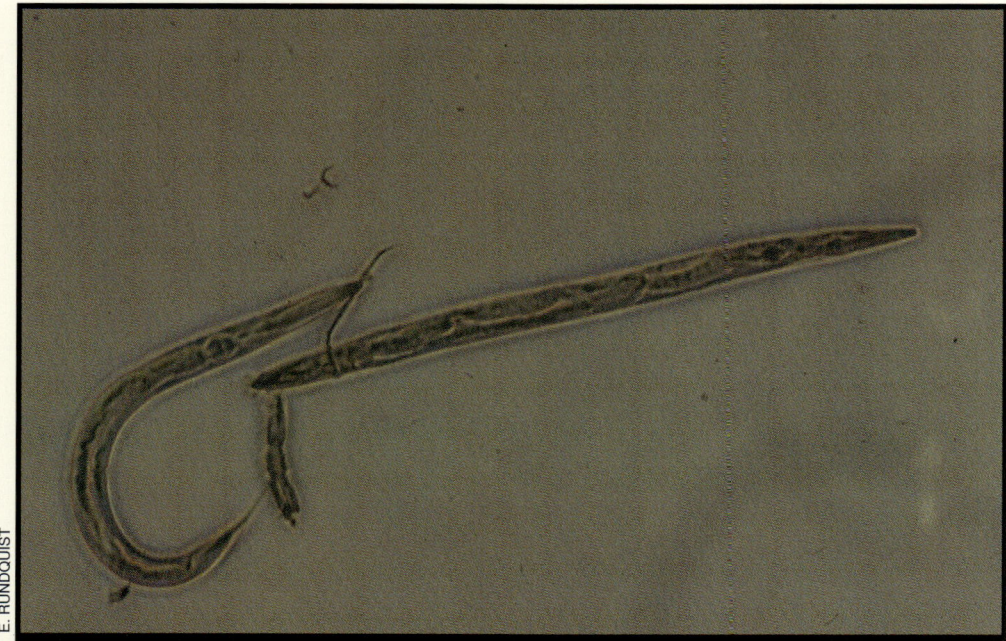

E. RUNDQUIST

Würmer der Gattung *Capillaria*, wie diese Larve aus einer Wassermokassinotter *(Agkistrodon piscivorus)*, sind nicht nur hochgradig pathogen, sondern auch auf den Menschen übertragbar. Hier muß umgehend behandelt und strengste Hygiene praktiziert werden.

kamenten bei diesen kleinen Tieren ein Problem. Die Verabreichung dieser oral einzunehmenden Mittel bereitet aber noch größere Schwierigkeiten, denn das Mäulchen eines solchen Winzlings gewaltsam zu öffnen, birgt nicht nur ein großes Verletzungsrisiko, sondern bedeutet auch Streß in einem Maße, der für das Tier bereits lebensgefährlich wird. Eine weitere Gefahr entsteht dadurch, daß sich die durch die Medikamente abgetöteten Würmer im Froschkörper zersetzen und die dabei enstehenden Gifte das Tier nachträglich umbringen können.

Die Entscheidung darüber, ob sich aus diesen Gründen eine Behandlung lohnt oder nicht, ist nicht einfach. Es besteht jedoch zumindest eine kleine Chance zur Heilung, während ein Nichtbehandeln auf jeden Fall tödlich endet.

Lungenwürmer haben einen direkten Lebenszyklus und können daher auf andere Frösche und Kröten übertragen werden.

Diagnose

Ob ein Befall mit Lungenwürmern vorliegt, erbringt auch hier wieder eine Kotanalyse. Im Kot können kleine, helle Würmer erkennbar sein, die dem Tierarzt zur Identifizierung überbracht werden sollten.

Behandlung

Die bestmögliche Methode zur Verabreichung von Medikamenten wie Thiabenzol ist das Bestäuben von Futtertieren, wie frischgeschlüpften Grillen oder Obstfliegen. Es kann auch mit Ivermectin (2 mg/kg, auf den Rücken des Frosches gestreut) behandelt werden, jedoch sollte man sich hier der vorher beschriebenen Risiken bewußt sein. Überlebt das Tier, sollte 10 bis 14 Tage später auf jeden Fall eine Nachuntersuchung erfolgen.

Trichuris (Peitschenwurm)

Peitschenwürmer sind in der Terraristik glücklicherweise recht ungewöhnlich, konnten jedoch bevorzugt bei Reptilien nachgewiesen werden. Sie können mäßig schwere bis schwere Erkrankungen verursachen, sind recht groß und erfordern generell eine medizinische Versorgung.
Der Peitschenwurm hat einen direkten Lebenszyklus und stellt damit eine Gefahr für andere Terrarientiere dar.

Diagnose
Obwohl auch hier Würmer mit dem Kot ausgeschieden werden können, bringt erst eine Kotanalyse die nötige Gewißheit.

Behandlung
Hier können Mittel wie Ivermectin (200 µ/kg, einmalig, subcutan), Fenbendazol (75 mg/kg, oral) oder Mebendazol (25 mg/kg oral) zur Anwendung kommen. Zwei Wochen später ist eine erneute Kotuntersuchung fällig.

Spiruridae (Rollschwänze)

Diese ungewöhnlichen Würmer treten nur sehr selten bei Terrarientieren auf. Manchmal können sie bei Schildkröten entdeckt werden, wo

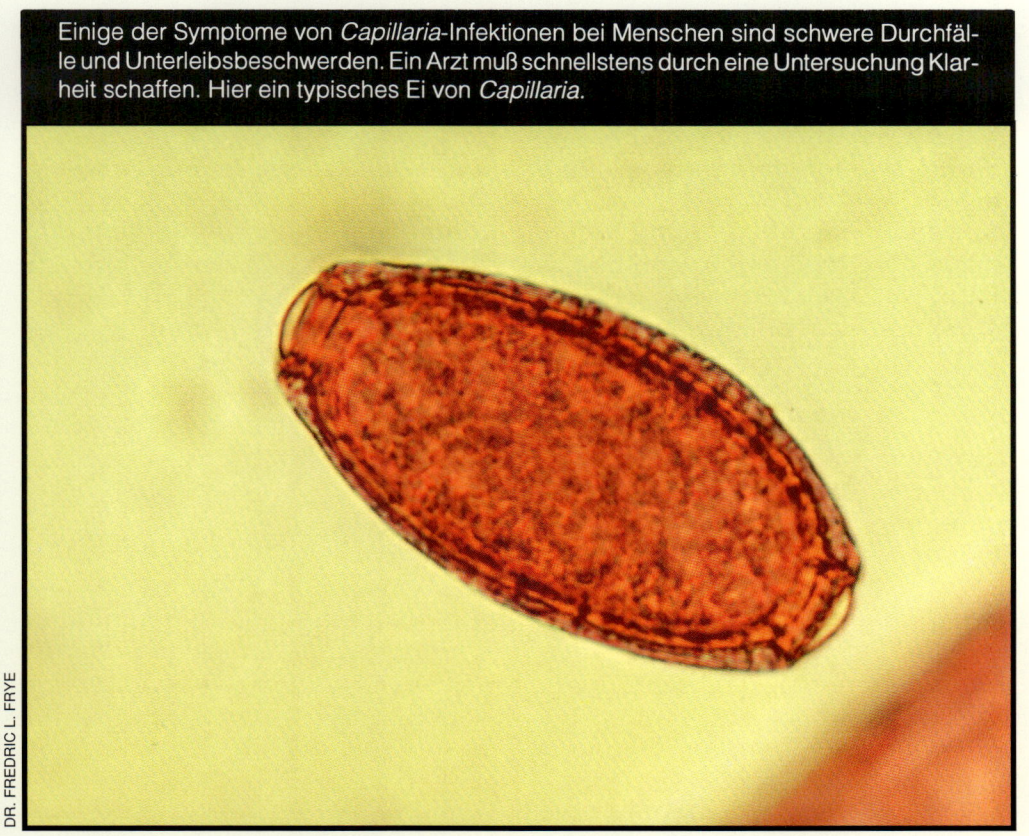

Einige der Symptome von *Capillaria*-Infektionen bei Menschen sind schwere Durchfälle und Unterleibsbeschwerden. Ein Arzt muß schnellstens durch eine Untersuchung Klarheit schaffen. Hier ein typisches Ei von *Capillaria*.

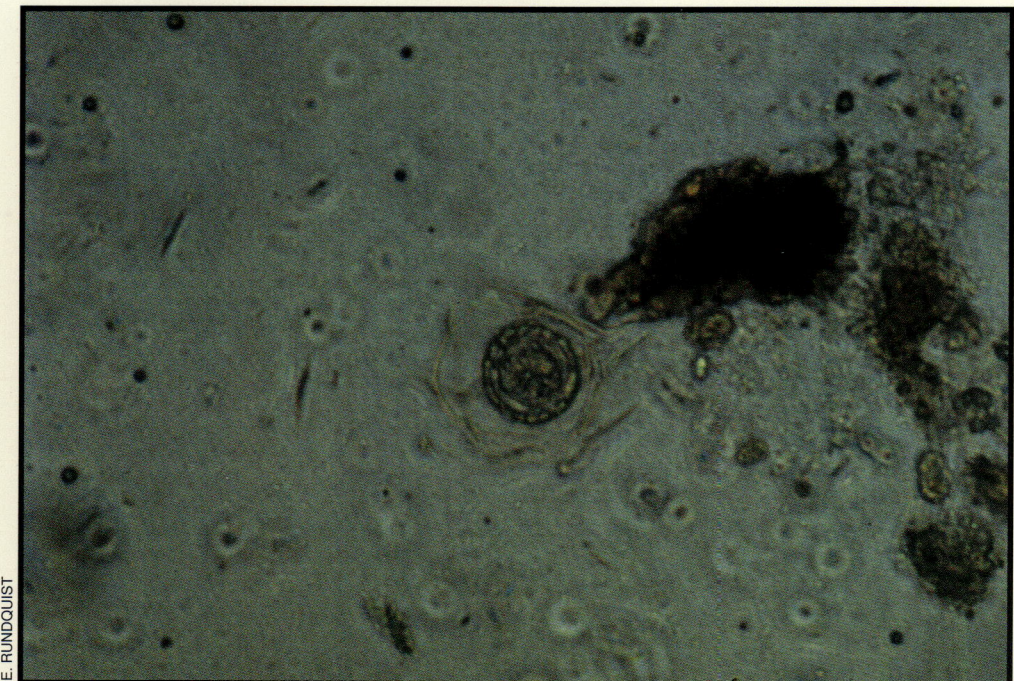

E. RUNDQUIST

Bandwürmer werden bei Amphibien und Reptilien häufig als Larven entdeckt. Besonders schwere Fälle von Bandwurmbefall können zu ernsten Krankheitssymptomen führen. Foto eines Bandwurm-Eies aus einer Abgottboa *(Boa constrictor)*.

sie wahrscheinlich keinen großen Schaden anrichten. Da sie aber gewöhnlich in großen Mengen vorhanden sind und auch Unmengen von Eiern produzieren, sollte in jedem Fall behandelt werden. Viele Arten von kotfressenden Käfern dienen dem Wurm als Zwischenwirt.

Diagnose
Die einzige Möglichkeit zum Nachweis dieser Parasiten ist eine Kotuntersuchung.

Behandlung
Gegen Spiruriden gibt es eine ganze Reihe wirksamer Mittel. Für Schildkröten sind Präparate wie Levamisol-Phosphat (8 mg/kg s.c. oder i.m.), Fendendazol (75 mg/kg) oder Mebendazol (25 mg/kg) geeignet. Die bei-

den letztgenannten kann man in einem besonders geschätzten Futterhappen verstecken und auf diese Weise einfach oral verabreichen. Bei anderen Reptilien empfiehlt sich eine medizinische Versorgung mit Ivermectin (200 µ/kg, einmalig, subcutan oder oral). Vierzehn Tage nach der Behandlung muß eine Nachuntersuchung durchgeführt werden.

Capillaria

Die Würmer der Gattung *Capillaria* (Haarwürmer) gehören zur Familie *Trichuridae,* deren einzelne Gattungen bereits mehrfach revidiert wurden. Sie sind aus zweierlei Gründen besonders unangenehm. Erstens wirken sie bei Terrarientieren hochgradig pathogen, und zweitens könnten sie durch ihren direkten Lebenszyklus auch auf den Menschen übertragen werden. Die meisten anderen aus der Terraristik bekannten parasitären Würmer sind hingegen nicht auf den Menschen übertragbar.

Haarwürmer treten überwiegend bei Echsen und Schlangen auf. Hiervon werden Grubenottern der Gattungen *Agkistrodon, Crotalus, Deinagkistrodon, Sistrurus* und *Trimeresurus* sowie Waran-Arten am häufigsten befallen. Ist das Testergebnis eines Terrarientieres positiv, ist im Umgang mit diesem äußerste Vorsicht und Hygiene geboten. Es empfiehlt sich, solche Tiere nur mit Einweghandschuhen anzufassen und nicht zwischendurch Nase, Augen oder Mund zu berühren.

Die Symptome für eine Capillaria-Infektion beim Menschen sind schwerer Durchfall, Unterleibsbeschwerden und Schmerzen. Sie sind den Symptomen von Hepatitis sehr ähnlich.

Diagnose

Bei Terrarientieren wie auch beim Menschen wird der Nachweis für eine Capillaria-Infektion durch eine Kotanalyse erbracht.

Behandlung

Für die medizinische Versorgung von Terrarientieren eignen sich Wirkstoffe wie Mebendazol (25 mg/kg, einmalig), das oral verabreicht wird. Eine Woche danach muß eine erneute Kotuntersuchung Aufschluß darüber geben, ob die Behandlung erfolgreich war.

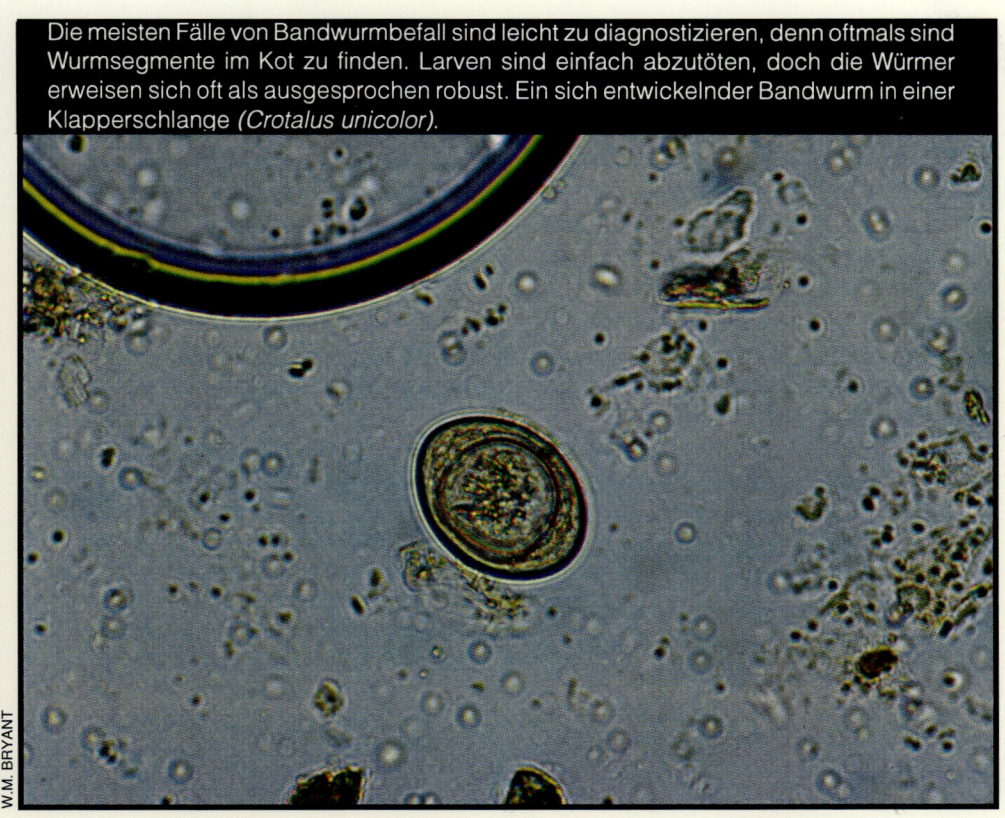

Die meisten Fälle von Bandwurmbefall sind leicht zu diagnostizieren, denn oftmals sind Wurmsegmente im Kot zu finden. Larven sind einfach abzutöten, doch die Würmer erweisen sich oft als ausgesprochen robust. Ein sich entwickelnder Bandwurm in einer Klapperschlange *(Crotalus unicolor)*.

W.M. BRYANT

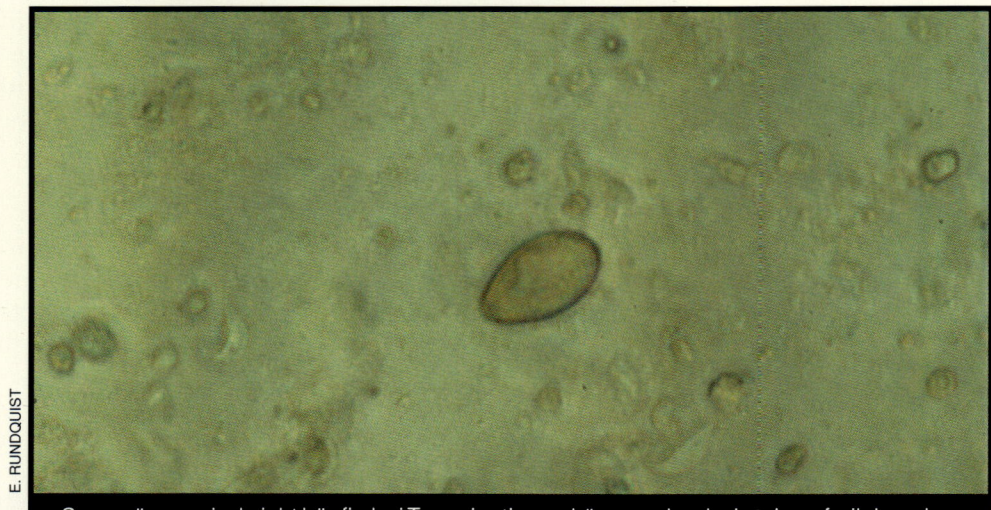

E. RUNDQUIST

Saugwürmer sind nicht häufig bei Terrarientieren, können aber bei e nigen freilebenden pflanzenfressenden Landschildkröten sowie bei Schlangen der Gattungen *(Natrix, Thamnophis, und Nerodia)* auftreten. Es gibt viele verschiedene Saugwurmarten, die an unterschiedlichen Stellen im Körper zu finden sind. Einige sind harmlos, andere tödlich. Hier ein Ei aus einem Bindenwaran *(Varanus salvator)*.

Damit wären die wichtigsten Nematoden abgehandelt.

Cestoda (Bandwürmer)

Bandwürmer treten bei Amphibien und Reptilien recht selten auf, und adulte Exemplare werden, wenn überhaupt, bei Schlangen entdeckt. Da Bandwürmer einen indirekten Lebenszyklus besitzen, können Terrarientiere oftmals die Träger von Larven in verschiedenen Entwicklungsstadien sein und somit als Überträger des Parasiten auf den Menschen fungieren; das trifft besonders auf Frösche und einige Schlangenarten zu. Eine Diagnose ist schwer zu erstellen, und der Befall noch schwerer zu behandeln.

Glücklicherweise verursachen diese Larven für den Zwischenwirt in den meisten Fällen keine Probleme. Obwohl sich durch den Körper wandernde Larvenformen grundsätzlich eine Bauchfellentzündung auslösen können, ist ein solcher Fall bei Ter-

rarientieren noch nicht bekannt geworden. Derartige Larven sind am häufigsten bei arboreal lebenden asiatischen Schlangen zu finden, die sich gelegentlich von Fröschen ernähren, die wiederum als hauptsächliche Überträger gelten. Bandwürmer können aber auch bei anderen Reptilien, wie wildlebenden Waranen (wie *Varanus salvator),* vorkommen. In Terrarien lebende Reptilien können sich mit dem Zwerg- oder Mäusebandwurm *(Hymenolepis)* infizieren, der recht großen Schaden anrichten kann und eine sofortige medikamentöse Bekämpfung nötig macht.

Gegenüberliegende Seite
Vier Fotos eines Bandwurms. **Oben links:** Ein kompletter Wurm aus einer *Boa constrictor.* **Oben rechts:** Hakenrosette am Kopf eines Bandwurms. **Unten links:** Ein Bandwurm im Verdauungstrakt seines ehemaligen Wirtes, einer toten *Boa constrictor.* **Unten rechts:** Ein typisches Segment eines adulten Bandwurms, *Spirometra europiae.* Fotos: F. L. Frye aus "Reptile Care"

Diagnose

Der Nachweis von Bandwürmern wird mittels einer Kotanalyse erbracht. Einzelne Segmente des Wurmes können als kurze, dünne, flache, weiße Bänder im Kot des Tieres erkennbar sein. Der Tierarzt kann den Befall anhand dieser Segmente bestätigen. Bei froschfressenden Schlangen können darüber hinaus knotenartige Beulen unter der Haut auf wandernde Bandwurmlarven hinweisen.

Behandlung

Ein sehr wirksames Mittel gegen Bandwürmer ist Praziquantel (10 mg/kg), das einmal oral verabreicht wird. Andere wirksame Mittel sind Niclosamid- (159 mg/kg) und Bunamidin-Hydrochlorid (25 bis 50 mg/kg), die allerdings relativ stark toxisch und daher mit Vorsicht einzusetzen sind. Bei deutlich verfetteten Tieren sollte auf Praziquantel zurückgegriffen werden, da die beiden anderen Mittel das Herz belasten, welches bei einem fettgefütterten Patienten sowieso schon strapaziert ist. Da Bandwürmer zu den ausgesprochen robusten Parasiten zählen, muß die Behandlung oftmals wiederholt werden.

Werden die zuvor beschriebenen Beulen unter der Haut entdeckt - der Zustand wird als Sparganose bezeichnet - können die darin enthaltenen Larven vom Tierarzt chirurgisch entfernt werden. Es können hierbei mehrere kleine Eingriffe nötig sein, da die Larven wandern und nicht alle gemeinsam an einer Stelle sitzen. Zusätzlich muß auch hier mit Medikamenten behandelt werden.

Trematodean (Saugwürmer)

Saugwürmer sind bei Terrarientieren relativ selten. Sie treten am häufigsten bei wildlebenden Fröschen, Wasserschildkröten und aquatisch lebenden Schlangen, wie Strumpfbandnattern *(Thamnophis)* und Amerikanischen Schwimmnattern *(Nerodia)*, auf. Gelegentlich sind sie auch bei anderen froschfressenden Arten und bei Landschildkröten anzutreffen, die im Freiland leben und sich von wildwachsenden Pflanzen ernähren.

Diese Parasiten haben einen indirekten Lebenszyklus und lassen sich, je nachdem, wo sie sich eingenistet haben, nicht ganz einfach abtöten. Bei aquatischen Schlangen sind sie am häufigsten im Maulinnenraum festzustellen, können aber auch im Darm auftreten. Sie scheinen generell keine Erreger wirklich ernsthafter Erkrankungen zu sein. Anders verhält sich das bei Lebersaugwürmern und Pärchenegeln (Schistosoma-Arten), die für schwere Gesundheitsschäden sorgen können. Lebersaugwürmer verursachen ernsthafte Leberschäden und können ihren Wirt, genau wie bei den Lungenwürmern beschrieben, auch noch nach einer Behandlung durch ihre Zerfallsprodukte vergiften.

Schistosoma-Arten zählen zu den Blutparasiten und treten häufig beim Menschen auf. Sie werden durch einige tropische Fliegenarten übertragen, die sich natürlich auch auf Reptilien niederlassen.

Da Trematoden einen indirekten Lebenszyklus haben, benötigen sie einen Zwischenwirt und können nicht direkt von einem Tier auf ein anderes übertragen werden. Frösche gelten als die häufigsten Zwischenwirte und sollten aus diesen wie auch aus Artenschutzgründen nicht zur Ernährung von Schlangen oder anderen Froschfressern verwendet werden. Ist dies unumgänglich, hilft das Einfrieren der Futterfrösche. Bei einem Befall mit Pärchenegeln oder Saugwürmern treten außer Appetitlosigkeit und einem langsamen kör-

FREDRIC L. FRYE

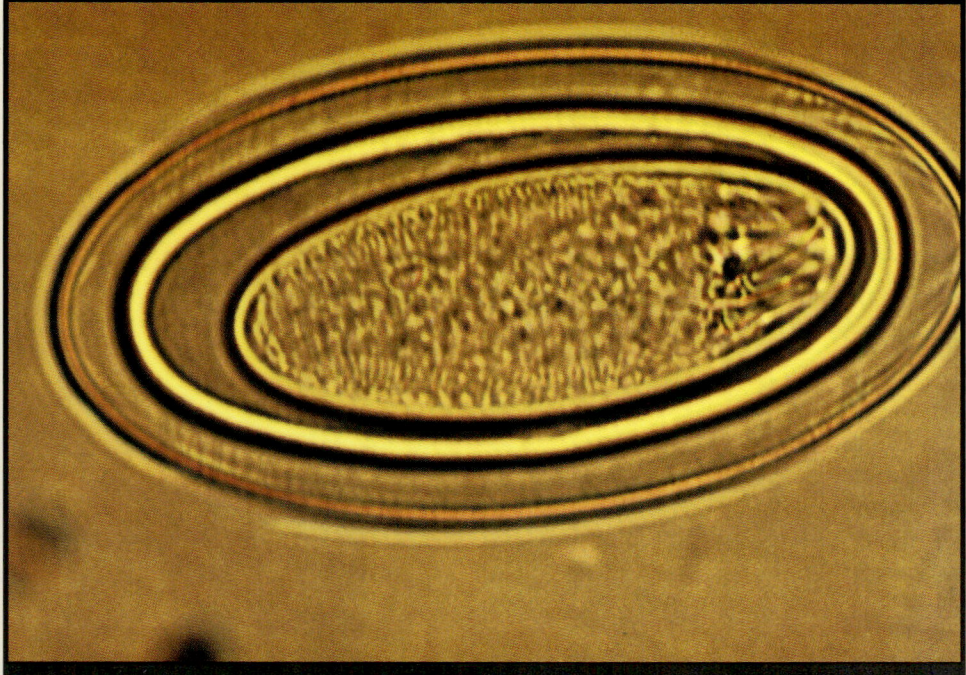

Acantocephala werden wegen ihrer mit Haken besetzten Köpfe auch als "Kratzer" bezeichnet.

Oben: Ein typisches Acanthocephala-Ei.
Unten: Ein adulter Kratzer im Darm seines Wirtes.

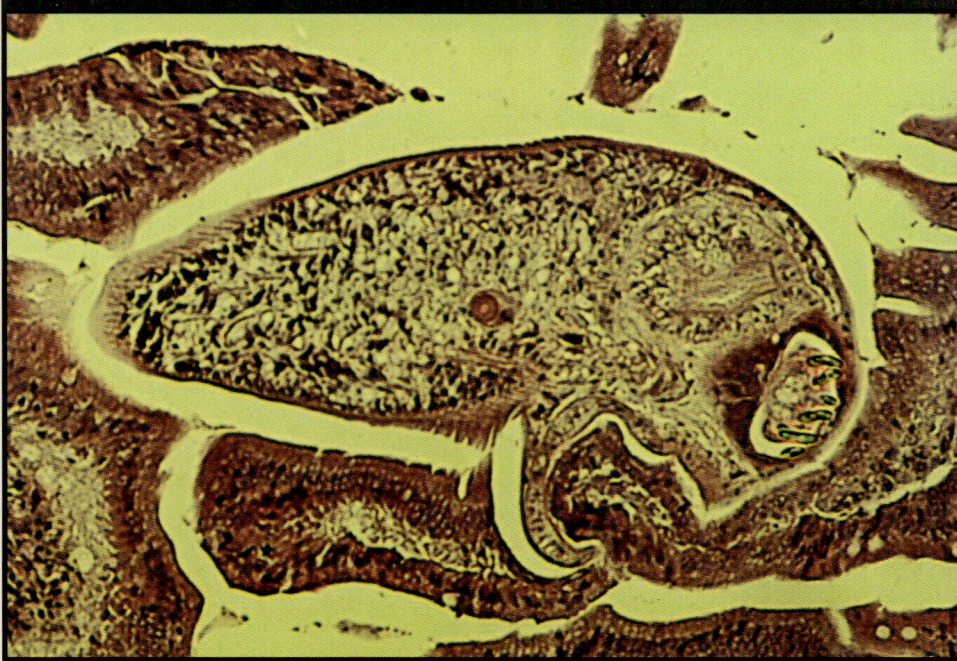

perlichen Verfall gewöhnlich keine physischen Symptome auf.

Diagnose

Saugwürmer im Maulbereich erscheinen als Ansammlungen dunkelbrauner oder schwarzer, etwa 3 mm langer Würmer bevorzugt in den hinteren Bereichen der Mundhöhle. Andere Arten lassen sich durch Kotanalysen direkt unterm Mikroskop oder durch vorangehendes Sedimentieren entdecken. Schistosoma-Arten erreichen Längen zwischen 20 und 28 mm. Für den Nachweis von Eiern ist die Sedimentationsmethode nötig, denn im Gegensatz zu anderen Wurmeiern sind sie bei andersartigen Untersuchungstechniken nicht feststellbar.

Behandlung

Das Entfernen der Würmer aus dem Maulinnenraum geschieht mit einer feinen Pinzette. Diese Prozedur muß mehrfach wiederholt werden, bis wirklich alle Würmer abgelesen sind. Die Behandlung anderer Saugwurminfektionen ist etwas komplizierter. Ein wirksames Mittel gegen einen Darmbefall kann Praziquantel (10 mg/kg, einmalig, oral) sein. Die Probleme mit Lebersaugwürmern und Schistosoma-Arten wurden bereits angesprochen. Bei Menschen wird gegen Schistosoma-Arten mit organischen trivalenten Antimon-Verbindungen vorgegangen, über deren Wirkung bei Reptilien noch nichts bekannt ist. Bei beiden Behandlungsmethoden können nur Experimente Aufschluß über deren Wirkung bringen. In jedem Fall handelt es sich um stark toxische Mittel, die allenfalls in kleinen Dosierungen über einen Zeitraum von zwei bis sechs Wochen eingesetzt werden sollten.

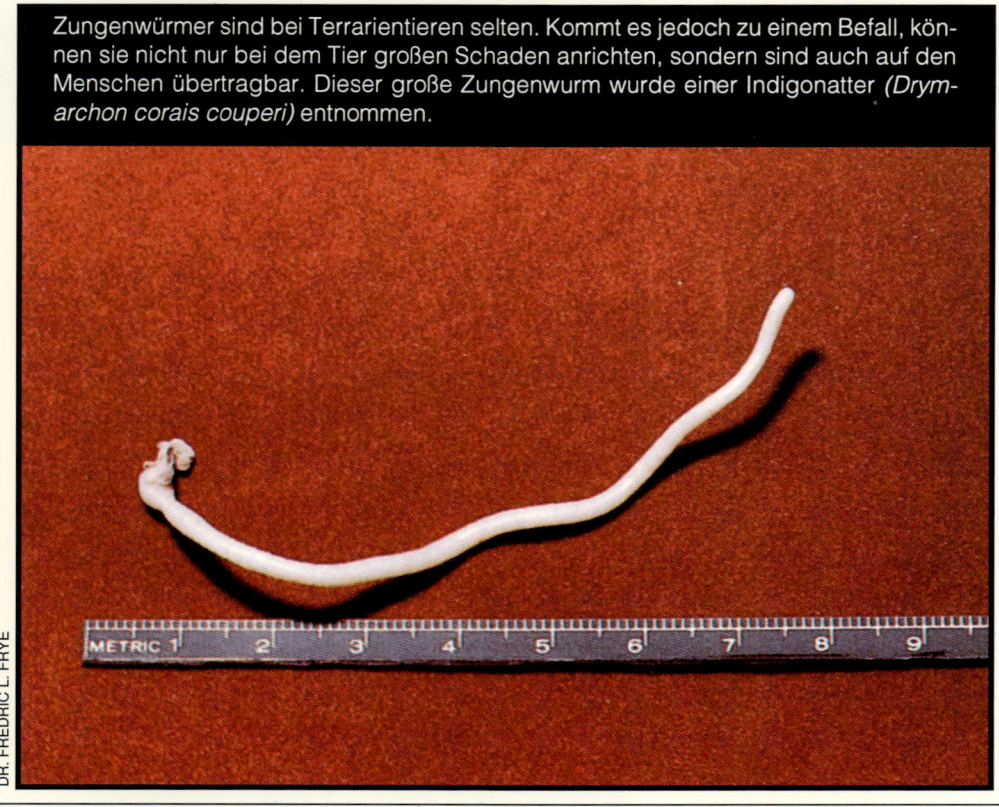

Zungenwürmer sind bei Terrarientieren selten. Kommt es jedoch zu einem Befall, können sie nicht nur bei dem Tier großen Schaden anrichten, sondern sind auch auf den Menschen übertragbar. Dieser große Zungenwurm wurde einer Indigonatter *(Drymarchon corais couperi)* entnommen.

DR. FREDRIC L. FRYE

DR. FREDRIC L. FRYE

Armillifer moniliformis
From Python

Von Zungenwürmern befallene Tiere müssen sofort separiert und behandelt und ihre Terrarien samt Inhalt desinfiziert werden. Nicht wiederverwendbare Einrichtungsgegenstände müssen unbedingt ausgetauscht werden. Der Pfleger sollte sich ebenfalls einer vorsorglichen Untersuchung unterziehen, auch wenn die ggf. nötige Behandlung recht schmerzhaft und wenig effektiv ist.

Kratzer (Acanthocephalean)

Acanthocephala-Arten sind für Wissenschaftler aus mehreren Gründen interessante Objekte. Die Kratzer bilden einen nicht sehr artenreichen Stamm wurmartiger Tiere, die aber nur sehr entfernt mit den Würmern verwandt sind. Ihr Erscheinungsbild ist ausgesprochen skurril. Ihr Kopf ist mit mehreren Reihen von "Häkchen" bedeckt. Außerdem wird angenommen, daß sie, wie viele andere Parasiten, bereits vor Millionen von Jahren existiert haben und ohne Wirte zu benötigen lebten. Im Laufe ihrer Evolution haben sie sich dann zu ihrer heutigen Form entwickelt und sich in die Abhängigkeit eines Wirtstieres begeben. Es wird sogar vermutet, daß sie zu den allerersten Organismen zählen, die die Vorteile einer parasitischen Lebensweise für sich entdeckten. Ihr Lebenszyklus ist indirekt, und sie können deshalb nicht ohne Zwischenwirt übertragen werden.

Acanthocephalen sind Auslöser von schweren Erkrankungen bei Reptilien. Obwohl sie nicht besonders wählerisch hinsichtlich ihrer Wirtstiere sind, wurden Fälle bei in Terrarien gehaltenen Amphibien bis jetzt nicht bekannt. Jedoch konnten sie bereits bei wildlebenden Fröschen festgestellt werden. Glücklicherweise zählen sie aber auch zu den sehr seltenen Parasiten.

"Kratzer" treten gelegentlich bei Wirtelschwanzleguanen *(Cyclura)* auf. Die Symptome sind denen bei einer Hakenwurminfektion ähnlich: Durchfallerscheinungen, gelegentliche Blutspuren im Kot und Masseverlust können Anzeichen für eine solche Infektion sein. Aus diesem Grunde sollte ein erfahrener Spezialist entscheiden, um welchen Parasiten es sich nun wirklich handelt.

Diagnose

Eine Sedimentuntersuchung einer Kotprobe liefert die zuverlässigsten Nachweise, jedoch sind auch direkte Untersuchungen unter dem Mikroskop und Aufschwemmen möglich. Wie bei den Saugwurmeiern schwimmen auch die Eier der Kratzer nicht leicht auf. Ungewöhnlicherweise ist das die Embryonallarve beherbergende Ei doppelt beschalt.

Behandlung

Als wirkungsvolles Mittel kann hier Pyrantelpamoat (12 mg/kg, einmalig, oral) empfohlen werden. Außerdem sind Präparate wie Mebendazol (25 mg/kg, einmalig, oral) oder Levamisol-Phosphat (8 mg/kg, einmalig subcutan) effektiv. In jedem Fall ist eine erneute Untersuchung einer Kotprobe nach weiteren zwei Wochen notwendig.

Zungenwürmer (Pentastomidean, Linguatulidean)

Der Stamm der Zungenwürmer erfaßt ebenfalls einige ausgesprochen seltene und ungewöhnliche Parasiten bei Terrarientieren. In ihrer äußeren Erscheinung ähneln sie einem Ringelwurm, jedoch haben sie Gliedmaßen. Früher zu den degenerierten Spinnentieren (Arachnida) gerechnet, und deshalb auch als Wurmspinnen bezeichnet, gelten sie heute als näher mit den Krebstieren (Crustacea) verwandt. Trotzdem fällt es auch bei näherer Betrachtung schwer, auch nur eine entfernte Ähnlichkeit zwischen dem hellen, wur-

martigen Parasit und einer Krabbe zu entdecken. Ihre Größe schwankt zwischen wenigen Millimetern und 14 cm.

Zungenwürmer sind in zweierlei Hinsicht unangenehm. Sie verursachen nicht nur ernsthafte Erkrankungen bei Amphibien und Reptilien, sondern sind durch ihren direkten Lebenszyklus auch auf Menschen übertragbar. Schlangen aus dem Mittleren Osten sind die hauptsächlichen Träger von Zungenwürmern und verantwortlich für Infektionsfälle bei Menschen. Asiatische Echsen sind eine weitere Quelle dieser Parasiten.

Beim Umgang mit infizierten Tieren ist deshalb größte Vorsicht geboten. Das oder die befallenen Tiere müssen umgehend separat gepflegt werden und sollten bei der Versorgung der Terrarientiere immer an letzter Stelle bedacht werden, um die Übertragungsgefahr weitgehend einzugrenzen. Das Tragen von Einweghandschuhen ist zu empfehlen. Wie bei allen anderen Parasiten müssen auch hier das Terrarium, Werkzeuge und Hände desinfiziert und nicht sterilisierbare Einrichtungsgegenstände ausgetauscht werden. Vorbeugung ist wichtig, denn die Behandlung ist für den Menschen recht schmerzhaft, schwierig und nicht sehr effektiv.

Obwohl die Ansteckungsgefahr für Menschen durch Reptilien in vielen Fällen überbewertet wird und manchmal zu regelrechter Hysterie wird, sollte man das Risiko dennoch nicht unterschätzen und sicherheitshalber strikte Hygiene walten lassen.

Diagnose

Eine korrekte Diagnose ist nicht einfach. Adulte Würmer können gelegentlich im Maul entdeckt oder aus der Lunge ausgeschieden werden.

W. P. MARA

Es kann nicht oft genug gesagt werden, daß jede Krankheitsbehandlung durch Vorbeugung unnötig wird. Dazu gehören die sorgfältige Auswahl des Futters, gründliche Sauberkeit und das genaue Beobachten der Tiere, um so früh wie möglich auf Krankheitsanzeichen aufmerksam zu werden. **Oben:** Eine Westliche Strumpfbandnatter *(Thamnophis ordinoides)* frißt ein Stück Forelle, das Vitaminpulver bestäubt worden ist. **Unten:** Die Schuppen einer gesunden, trächtigen Pazifik-Strumpfbandnatter *(Thamnophis sirtalis concinnus).*

Bei einer mikroskopischen Kotanalyse ist es möglich, Pentastomideneier aufzuspüren. Deutliche Symptome treten nur sehr selten auf, und oftmals kann der Parasit erst bei einer Autopsie nachgewiesen werden.

Behandlung

Auch diese ist nicht einfach. Es sind bereits Medikamente wie Disethylcarbamazin und Ivermectin (200 µ/kg, subcutan) mit einer Wiederholung nach einer Woche erfolgreich angewandt worden. Auch hier kann es, wie bei den Lebersaugwürmern, durch den Zersetzungsprozeß der toten Würmer im Wirtstier zu einem toxischen Schock kommen. Da sich diese großen Parasiten normalerweise im Nasaltrakt, in den Lungen oder in den Darmschleimhäuten einnisten, kann ein chirurgischer Eingriff die einzig wirklich effektive Lösung des Problems sein.

Abschließend zum Kapitel der Endoparasiten soll darauf hingewiesen werden, daß generell in allen Fällen mindestens eine nachträgliche Kotuntersuchung nach Abschluß der medikamentösen Behandlung, oder mehrere im Abstand von 2 bis 3 Monaten durchzuführen sind. Nur so kann der Pfleger wirklich sicher sein, daß die Behandlung erfolgreich war und sein Tier keine übriggebliebenen Larven oder Eier mehr im Körper hatte. Die bei den erwähnten Präparaten angegebenen Dosierungen sind lediglich als Anhaltspunkte zu betrachten. Sie haben sich beim Verfasser unter den bei ihm gegebenen Umständen bewährt. Da es hinsichtlich der Frage "wieviel, wie und wie oft" keine generelle Antwort gibt, sondern diese Faktoren von der Tierart, ihrer Größe, der Masse, dem allgemeinen Zustand, der jeweiligen Parasitenart und der Stärke des

Befalls abhängen, können hier keine allgemeingültigen Angaben gemacht werden, ohne einerseits den Erfolg der Behandlung und andererseits das Leben der Tiere zu gefährden. Auch wird jeder spezialisierte Tierarzt die ihm angebracht erscheinenden Medikamente selbst auswählen und deshalb auch zu anderen als den hier genannten Mitteln greifen. Die Untersuchungstechniken bei Kotanalysen zum Nachweis von Innenparasiten sind, wie eingangs bereits erwähnt, recht verschiedenartig. Der Tierarzt oder Laborant wird sich mit der geeigneten Untersuchungsmethode nach dem Parasiten richten, der den Symptomen zufolge vermutlich vorhanden ist.

Abschließende Zusammenfassung

Nachdem wir nun am Ende dieser Auflistung von Innen- und Außenparasiten, deren Wirkung auf die Organismen von Amphibien und Reptilien, ihrer Diagnose und medizinische Bekämpfung angekommen sind, bleibt zu hoffen, daß die übermittelten Informationen einen sinnvollen Beitrag zur Gesunderhaltung oder erfolgreichen Behandlung von erkrankten Terrarientieren liefern konnten.
Die wichtigsten Punkte zur Vermeidung der hier geschilderten Erkrankungen sollen noch einmal zusam-

Gegenüberliegende Seite: Der Ernährungszustand ist ein zu beachtender Punkt bei der Auswahl eines Tieres. Hier ein gut proportionierter, gesunder Grünlicher Wassermolch (*Notophthalmus viridescens viridescens*). Er zeigt nicht die charakteristischen Hungerfalten, die für appetitlose Amphibien oft typisch sind.
Foto: W.P. Mara

ISABELLE FRANCAIS

Die Beurteilung des Gesundheitszustandes eines Tieres kann bis zu einer tierärztlichen Untersuchung immer nur eine Vermutung sein. Dieser Große Madagaskar-Taggecko *(Phelsuma madagascariensis grandis)* zeigt eine leuchtende Färbung und sieht gesund aus. Selbst diese Merkmale sind aber kein Beweis dafür, daß das Tier frei von Innenparasiten ist.

mengefaßt werden.

✖ Bei neuerworbenen Amphibien oder Reptilien ist immer zuerst die Herkunft zu erfragen. Handelt es sich um eine Terrariennachzucht, ist das Risiko für einen Parasitenbefall relativ gering. Bei einem Wildfangtier sieht das völlig anders aus. Obwohl diese oftmals preiswert in der Anschaffung sind und einen guten gesundheitlichen Eindruck machen, können sie den Pfleger im ungünstigsten Fall ein kleines Vermögen an Tierarztrechnungen kosten. Generell sind 90% aller Wildfangtiere mit irgendwelchen Parasiten behaftet, die unter normalen Umständen harmlos, jedoch durch den Streß des Fangs, der Zwischenhälterung und des wiederholten Transportes nur noch auf ein geschwächtes Immunsystem des Tieres treffen und somit zu einer explosionsartigen Vermehrung schreiten.

✖ In jedem Fall sollten Neuzugänge für mindestens vier bis sechs Wochen in Quarantäne gehalten werden. Das ist kein übertriebenes Mißtrauen dem Verkäufer gegenüber, sondern eine reine Vorsichtsmaßnahme, denn bei vielen Amphibien und Reptilien können Krankheiten sehr lange ohne jegliche Symptome im verborgenen schwelen. Erst wenn eine neue Komponente, wie das Umsetzen in eine ungewohnte Umgebung, Einfluß nimmt, kann der Zeitpunkt gekommen sein, wo Krankheitsanzeichen erkennbar werden. Ist das Tier bereits mit anderen vergesellschaftet, ist es oftmals für eine medizinische Versorgung zu spät, vielfach leider nicht nur für den Neuankömmling.

✖ Treten während der Quarantänezeit Anzeichen für einen Parasitenbefall auf, sollte schnellstmöglich ein Tierarzt konsultiert werden, der Kot- und/oder Blutanalysen erstellt, um den Erreger zu identifizieren. Wie

erwähnt, sind einige Parasiten nur schwer nachweisbar und/oder abzutöten. Es können also durchaus mehrere Untersuchungen und wiederholte Behandlungen nötig sein, um die Parasitose zu beherrschen.

✖ Im Umgang mit infizierten Terrarientieren ist größte Vorsicht geboten. Auch wenn nur die wenigsten Parasiten vom Tier auf den Pfleger übertragbar sind, so besteht doch stets eine erhöhte Ansteckungsgefahr für andere Tiere. Streng eingehaltene Hygienemaßnahmen können ein Ausbreiten wirksam verhindern und damit lebensrettend für andere Tiere sein. Gelten diese Regeln prinzipiell und nicht nur im Fall einer Erkrankung, ist Sauberkeit die effektivste Vorbeugung gegen jede Art von Gesundheitsproblemen durch äußere Erreger.

✖ Produziert man seine Futtertiere nicht selbst, sondern kauft sie im Fachhandel oder bei Futtertierzüchtern, sollte man sich immer vergewissern, daß die Haltung sauber und gut gepflegt ist. Futtertiere aus verschmutzten Zuchtanlagen stellen ein weiteres Risiko zur Einschleppung von Parasiten dar. Auch für die eigenen Futterzuchten gilt, daß mangelnde Hygiene zu Geruchsbelästigung und kranken Futtertieren führt.

✖ Bei allen Anzeichen für die mögliche Erkrankung eines Pfleglings ist ein Tierarzt hinzuzuziehen. So mancher Reptilien- oder Amphibienpfleger mag sich im Laufe der Zeit ein durchaus ansehnliches Wissen über die möglichen Erkrankungen seiner Pfleglinge angeeignet haben, doch das macht ihn noch lange nicht zu einem Fachmann. Oftmals scheinen die Dinge anders als sie sind, und ein Fehler in der Diagnose und damit der angesetzten Behandlung ist schnell geschehen. Nur allzuoft läßt sich ein solcher Fehler nicht mehr korrigieren. Die medizinische Forschung schreitet schnell und unaufhaltsam voran. Schon in der nächsten Woche kann ein Medikament erhältlich sein, welches besser wirkt, verträglicher ist und von dem nur der Tierarzt etwas weiß.

✖ Viele Menschen glauben, daß Amphibien und speziell Reptilien besonders robuste Tiere sind, die kleine Haltungsfehler, Ernährungslücken und geringe Aufmerksamkeit problemlos verkraften. Das mag vielleicht sogar auf einige von ihnen zutreffen, jedoch sind sie, generell gesehen, sehr empfindsame, teils sogar ausgesprochen empfindliche Tiere, die mehr Aufmerksamkeit und Pflege benötigen als es sich die meisten Menschen vorstellen.

Ihr Problem ist, daß sie sich nicht durch Lautäußerungen oder deutliche Gesten mitteilen können und sich so auf das Feingefühl ihres Pflegers verlassen müssen. Wer das Leiden einer Echse, die mit halbgeschlossenen, eingefallenen Augen und schlaffen Gliedern auf dem Terrarienboden liegt, nicht selbst körperlich spüren kann, der sollte besser Briefmarken sammeln. Es gibt kaum ein anderes Tier, das so langsam stirbt wie manches Reptil.

Jeder Pfleger von Amphibien und Reptilien übernimmt eine Verantwortung, der er sich unter allen Umständen stellen muß. Für unsaubere Haltungsbedingungen und das Ignorieren deutlicher Krankheitsanzeichen gibt es keine Entschuldigung. Die gesundheitliche Vernachlässigung von Haustieren wie Hunden, Katzen oder Vögeln gilt als Tierquälerei. Auch Terrarientiere bilden da keine Ausnahme. Wenn sich der eine oder andere Terrarianer vielleicht manchmal fragt, weshalb diese Tiere auch von privaten Züchtern meist verkauft und nicht verschenkt werden, so soll er hier die Antwort erhalten. Weil der Mensch dazu neigt, etwas billiges oder geschenktes als etwas wertloses zu behandeln. Ein solches Tier wird leider oftmals auch "billig" gepflegt und bezahlt dieses dann mit dem höchstmöglichen Preis - seinem Leben.

BEUTELSCHIESS, J. u. C. BEUTELSCHIESS (1991): Bemerkungen zu Krankheiten bei Anuren während der Terrarienhaltung IN: HERRMANN, H.- J. (Ed.): Amphibienforschung und Vivarium - Schleusingen: 60 - 62

BOSCH, H. u. W. FRANK (1983): Häufige Erkrankungen bei im Terrarium gehaltenen Amphibien und Reptilien - Salamandra, Bonn, 19 (1/2): 29 - 54

FRYE, F.L. (1991): Reptile Care - Neptune, N.J. 2. Band

GABRISCH, K. u. P. ZWART (1985): Krankheiten der Heimtiere - Hannover

HACKBARTH, R. (1985): Krankheiten der Reptilien. Stuttgart JAROFKE, D. u. J. LANGE (1993): Reptilien Krankheiten und Haltung. Berlin, Hamburg.

KÖHLER, G. (1992): Artgerechte Ernährung und ernährungsbedingte Krankheiten des Grünen Leguans, Iguana iguana (LINNAEUS 1758) - Sauria, Berlin, 14 (1): 3-8

KÖHLER, G. (1992): Die Bedeutung von Entamoeba invadens bei der Vergesellschaftung von Echsen oder Schlangen mit Schildkröten - Sauria, Berlin, 14 (4): 31 - 34

LOVERIDGE, A. (1925): A Mite Pocket in the Gecko, Gymnodactylus lawderanus Stoliczka - Proc. Zool. Soc. London, 1925: 1431
MöLLER, M. (1990): Krankheiten der Chamäleons - D. Aquar. Terrar. Z., Stuttgart, 43 (1): 49 - 50

REMANE, A., V. STORCH & U. WELSCH (1989): Kurzes Lehrbuch der Zoologie. 6. Aufl. Jena

SASSENBURG, L. (1984): Beiträge zur Erkennung und Ausschaltung von Störfaktoren bei der Reproduktion von Reptilien. Verhandlungsb. 26. Intern. Symp. Erkrank. Zootiere, Brno, 1984: 165 - 182

SCHULTE, R. (1980): Bemerkungen zu Froschkrankheiten, speziell bei Dendrobatiden. herpetofauna, Ludwigsburg, 2 (5): 15 - 17

TRUTNAU, L. (1977): Behandlung von Darmkrankheiten bei Krustenechsen (Heloderma horridum und H. suspectum). D. Aquar. Terrar. Zeitschr., Stuttgart, 30 (3): 100 - 102

VOJTOKOVA, L. u. V. ROCA (1993): Parasites of the frogs and toads in Europe. Part I: Protozoa - Rev. Esp. Herp., 7: 37 - 46

IN DIESER REIHE SIND ERSCHIENEN:

LEOPARDGECKOS
LEGUANE
SKINKE
BULLENNATTERN
DREIECKSNATTERN
PFEILGIFTFRÖSCHE
STRUMPFBANDNATTERN
KLETTERNATTERN
VOLGELSPINNEN UND SKORPIONE
KLEINE BOAS
DOSENSCHILDKRÖTEN
ROTWANGEN SCHMUCKSCHILDKRÖTEN

WIR HABEN DIE TERRARIENREIHE FÜR SIE ERWEITERT:

ROTKEHLANOLIS
TAGGECKOS
KÖNIGSBOAS
KÖNIGSNATTERN
WASSERNATTERN
ERNÄHRUNG VON INSEKTENFRESSENDEN ECHSEN
KORNNATTERN

Terrarienkundliche Vereinigung und Zeitschriften in Deutschland
Deutsche Gesellschaft für Herpetologie und Terrarienkunde (DGHT) e.V.
Postfach 1421, Locher Str. 18, 53351 Rheinbach, Tel. 02255/6086
Die DGHT ist mit über 5500 Mitgliedern die größte terrarienkundliche Vereinigung der Welt. Mitglieder erhalten die Zeitschriften „SALAMANDRA" und „elaphe". Außerdem erscheint vierteljährlich das „Anzeigen Journal" - hier können Mitglieder Tiere suchen oder abgeben. Die Anzeigen sind kostenlos. In vielen Städten treffen sich monatlich Regionalgruppen. Weitere Angebote: Kopien- und Beratungsservice, Tagungen.
Weitere deutschsprachige Zeitschriften:
„herpetofauna": herpetofauna-Verlags GmbH, Postfach 1110, 71365 Weinstadt
„SAURIA": Terrariengemeinschaft Berlin e.V., Barbara Buhle, Planetenstr. 45, 12057 Berlin